経費で落ちる

税理士 関根 俊輔

領収書・レシートが

ぜんぶわかる本

新星出版社

はじめに

領収書やレシートで悩んでいる個人事業主や会社経営者の方は、多いと思います。

領収書やレシートをもれなく、たくさん集めて保存して、経費で落としたほうがいいのはわかっているけれど、どこまで落としていいのかわからない、この領収書（レシート）は果たして、落とせるのか落とせないのか……。

確かに、経費で落ちない領収書やレシートを落とそうとして、税務署に「脱税」などと指摘されるのは困ります。かといって、経費で落とせる領収書やレシートを落とさないのは、はっきりいってソンです。落としてトクをするのではなく、**落とさないとソンをする**のです。

とはいっても、経費で落ちるのか落ちないのか、グレーゾーンにある領収書やレシートの多いこと。自信を持って「経費で落ちる」「経費で落ちない」といい切れるほうが、少ないのが現実でしょう。

そこでこの本では、経費で落ちる領収書（レシート）と、落ちない領収書がぜんぶ、わかるようにしました。そもそも、経費で落ちる・落ちないの境目はどこにあるのか、**どうしたら落ちる・落ちないの判断ができるか**から、具体的に細かな経費のいろいろが落ちるか落ちないかまで、落ちる領収書がぜんぶわかるようにしています。

例えば家賃なら、自宅兼事務所の家賃・会社の事務所の家賃、その敷金、礼金、マンションの場合の管理費・共益費・修繕積立金まで、落ちるか落ちないか、落ちるならどの科目（勘定科目）かわかるといった具合です。

どの勘定科目にするかは重要でないという意見もありますが、**「接待交際費」**や**「外注費」「雑費」など税務署の目にとまりやすい科目**もあります。その領収書を入れるべき科目に、きちんと入れてあることが重要です。この本では、そのつど、どの勘定科目に入れるかも説明しています。

また、個人（所得税）と会社にしている場合（法人税）では、経費で落ちる・落ちないの違いがあるケースもあるので、違いがある場合はそのつど、説明を加えるようにしています。個人事業主や会社経営者の方は、自分の場合がどちらか、確かめながら読んでください。

私は、会社も個人事業もこれまで数え切れないほどの税務調査に立ち会ってきました。伝統的な税務調査から、その時々のトピックスに応じたさまざまな調査を経験するにあたり、いつしか経費のグレーゾーンが、「これは白に近いグレー」「これはグレーに近い黒」等々、その色別の細部の見分けができるようになりました。本書の内容は、そうした知識と経験にもとづいたものです。

「経費で落ちるかどうか怖い、心配だ」とか**「経費で落とせるものはできるだけ落としたい」という方は必見です**。この本が、末永く皆様のお役に立つことをお約束します。

税理士　関根俊輔

〈目　次〉

第2章

事務所の経費はこれだけ落とせる!

地代家賃・水道光熱費・消耗品費など

第3章 使った経費は落とさないとソン！

交通費・新聞図書費・宣伝費・接待費など

第4章 忘れてならない意外な経費

会議費・交際費・福利厚生費・税金など

※本書ではとくに明記がない限り、2019年10月の情報をもとに解説・紹介しています。最新の情報は税務署等にお問い合わせください。

Column

デザイン・DTP／田中由美
イラスト／MICANO
編集協力／和田秀実、有限会社クラップス

第1章

これは経費で落とせます！

Q 01

基本的に、仕事で使った領収書は経費で落とせる？

A

落とせます。仕事のために使ったお金は、仕事で得たお金から差し引けるのが基本です。領収書がそれを証明してくれます。

売上に税金がかかるのではない

確定申告を経験したことがある人は、身につまされてわかると思いますが、「経費」は大事です。何しろ、いざ申告となった時点では、もう売上の金額は決まって――確定していますうくらいですからね）。（確定申告とい

でも、確定した売上の金額に、そのまま税金がかかるわけではありません。**売上の金額から、売上のために使った費用、すなわち経費の金額が差し引けるのです。**

例えば、個人事業主のAさんがネット通販の仕事で300万円の売上を上げたとしましょう。

税金（所得税）は、この300万円にかかるわけではありません。

Aさんは、ウェブページの運営費や商品の梱包代、運送代、倉庫スペースの賃貸料などで、合計150万円の経費を使い、その領収書を保管していました。

すると、売上300万円から経費150万円を差し引いた残りの、およそ150万円が税金を計算するもとの金額になるのです。

収入から経費を差し引いた所得に課税

個人事業主の人が、税務署の記帳説明会に行くと、「収入から経費を差し引いたものが所得です」と教

えてくれます。

「収入」とは、要するに「売上」ですが、不動産を貸してお金を得ている人などは売上とはいわないので（不動産収入といいます）こういうのでしょう。

その収入（売上）から経費を差し引いたものは、普通にいえば「利益」です。

しかし、私たちが考える利益とは違う部分があるので、税金の世界では「所得」という言葉を使います。この所得が、税金の計算のもとになる金額になります。

個人事業主でなくても、副業である程度の収入があり、確定申告をしなければならない人も、同じ計算をします。給料から、副業のために使った経費を差し引くことはできませんが、副業の売上からなら副業の経費を引くことができます。

自分の事業が会社だとしても、売上から経費を差し引いた額が、税金の計算のもとになるというしくみは変わりません。

収入から「経費」を差し引いたのが所得

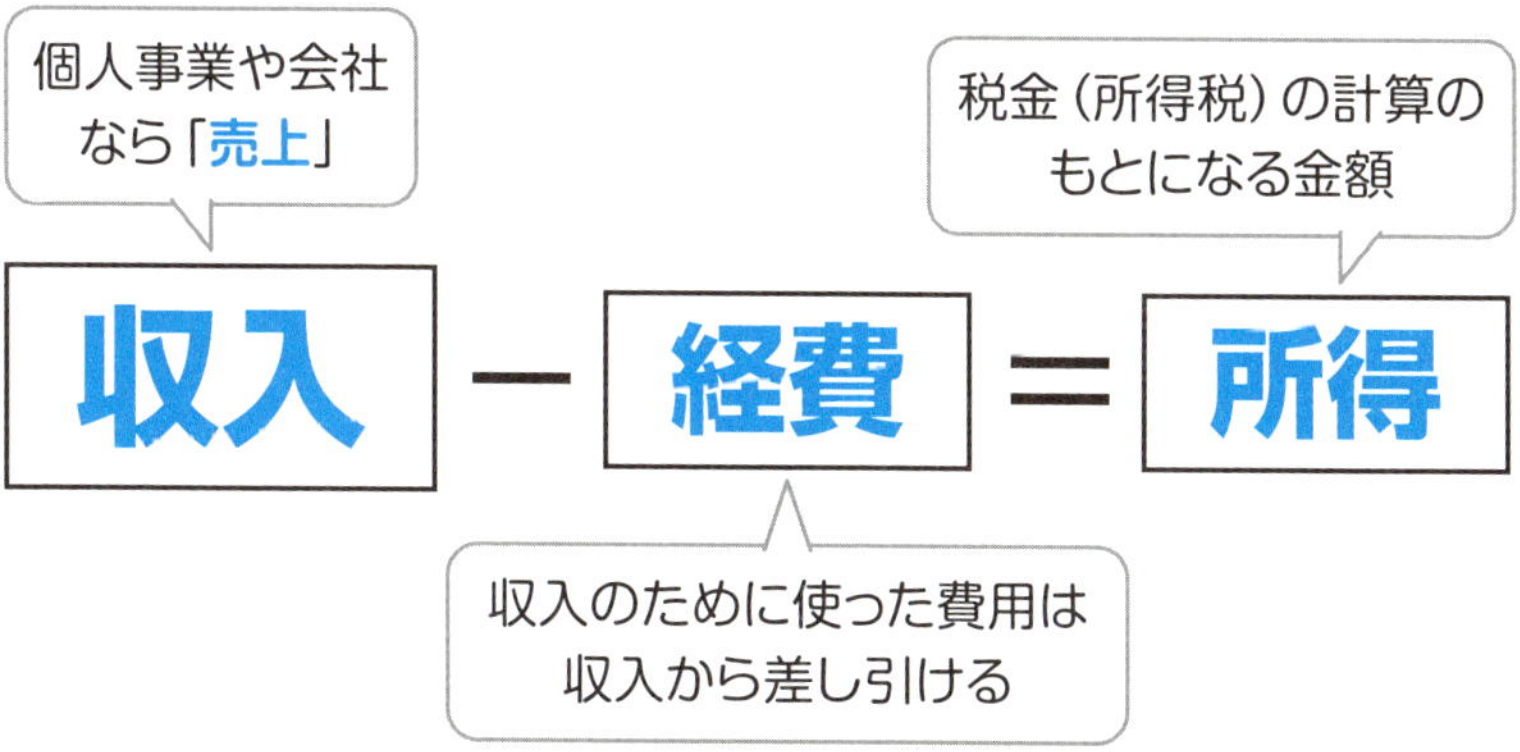

**収入（売上）から「経費」を差し引いた残りが
税金の計算のもとになる所得となる**

Q 02

なぜ経費になる領収書が多いほどいい？

A

経費で落とせる領収書が多いほど、税金は少なくてすみます。でも、すべての領収書が経費で落とせるわけではありません。

◆経費が多いほど税金は少なくてすむ

経費は、なぜ大事なのでしょうか。

税金の計算のもとになる所得の額は、収入（売上）から経費を差し引いた額です。

つまり、経費の額が大きいほど、所得の額は小さくなり、支払う税金も少なくてすみます。

逆にいえば、経費の額が小さいと、支払う税金が増えるのです。

例えば、前項に登場した個人事業主Aさんがズボラな人で、経費150万円のうち、50万円分の領収書をなくしてしまった、としましょう。

その分は証明になる領収書がないので、経費で落とすことはできません。その結果、Aさんの所得は200万円となり、支払う税金が増えてしまいます。

反対に、Aさんが一念発起して、支払った領収書をすべて見直して、新たに経費で落とせる分を50万円分、発見したとしましょう。

すると、所得は100万円になります。

つまり、**経費で落とせる領収書やレシートがたくさんあって、経費の額が多くなるほど、同じ売上でも所得は少なくなり、税金も少なくてすむ**のです。

◆すべての領収書＝経費ではない

ただ、領収書やレシートが多いほどよいといって

経費が多いと何がいい？

収入（**売上**）は変わらない

所得が小さくなれば税金が少なくてすむ

収入 － **経費** ＝ **所得**

より多く経費で落とせれば所得の金額が小さくなる

より多く「経費」で落とせれば税金は少なくてすむ
ただし、すべての領収書が経費で落とせるとは限らない！

も、何でもかんでもすべて、経費で落とせるわけではありません。

例えば、子どもを英会話教室に通わせた授講料の領収書があったとして、これを経費で落とすことはまずありえないでしょう。

でも、自分が仕事で役立つ何かの技能検定の講習を受けて、その受講料の領収書なら経費で落とせる可能性が高くなります。

同じように支払った費用でも、経費で落とせるものと落とせないもの、落とせる領収書と落とせない領収書があるわけです。

経費で落とせない領収書も、例えば子どもの教育のために必要だったのですから、落とせなくてもしかたありません。

しかし、経費で落とせる領収書を落とさないのは、ムダに税金の支払いを増やして、手元に残るお金を減らしているだけです。

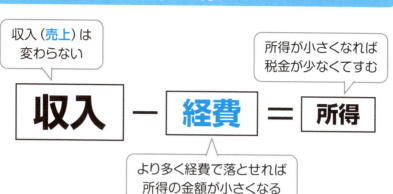

Q 03 経費で落とさないとどれだけソンをする？

A
意外と大きな金額になります。なぜなら所得にかかる税金は所得税と法人税だけではないからです。例をあげて計算してみましょう。

◆税金は所得税、法人税だけではない

所得にかかる税金は、個人事業主なら所得税、会社なら法人税と思っている人がいるかもしれません。

しかし、それだけではないのです。

個人事業主の場合、所得税のほかに、個人住民税の一部（所得割という）や、国民健康保険に加入していればその保険料の一部、また業種によっては個人事業税の納税も必要です。

一方、会社の場合は、法人税に加えて、法人住民税の一部や、法人事業税の一部などがあります。

さらに、消費税が関連する個人事業主や法人もあるでしょう。

では、経費で落とせる領収書を落とさないと、どれくらいソンをするのでしょうか？

ザックリした例ですが、計算してみましょう（以下はすべて2019年度の税率にもとづく）。

◆どれだけソンするか計算してみよう

個人事業主のDさんが、経費で落としてもいい領収書を年50万円分、知らずに落とさなかったとします。Dさんの所得税率が10％（課税所得［27ページ参照］195万円超330万円以下）だったとすると、まず所得税で約5万円。しかし、それだけではありません。

個人住民税の一部が、道府県民税と市町村民税を

合わせて10%かかりますから、ここでも5万円。

また、国民健康保険に加入して、その所得にかかる部分が、例えば東京都中央区の場合だと7・25%で、約3・6万円です。

さらに、もし個人事業税も払っていれば、仮に所得の額の半分にかかったとして、標準税率で3〜5%――0・75〜1・25万円のプラス。これにもし消費税10%がかかれば5万円増。

以上を合計すると、50万円分の領収書を経費で落とさなかったために、**20万円弱もの払う必要のない税金などを払っている**ことになります（復興特別所得税を含む）。

では、Dさんが1人社長だったらどうでしょう。

会社では、各種の税金を合わせた実質的な税負担の割合――「法人実効税率」というものが計算されています。現在の法人実効税率は約30%なので、約15万円。これに消費税10%を加えると、**Dさんの会社は払わなくていい税金を、約20万円も多く払っているこ**とになるのです。

こうしたことにならないために、どういう領収書は経費で落とせなくて、どういう領収書なら落とせるのか――まずはそのあたりを、次項から見ていきましょう。

落とせる領収書を落とさないとソンする！

Q 04

4泊5日の海外旅行はどこまで経費で落とせる？

A

業務上の旅行は経費で落とせます。でも、旅行費用の全額とは限りません。**業務上の費用と認められる分の領収書だけが経費で落とせます。**

◆海外出張に奥さんが同行したら…

どういう領収書なら経費で落とせて、どういう領収書は経費で落とせないのか――そもそも「領収書の条件を満たしているか」という問題もありますが、それ以前に重要なのは「**何のために支出した費用か**」ということです。

例をあげて見てみましょう。

Aさんは、個人でクリニックを経営している開業医です。「お医者さんの経費の話？」と思うかもしれませんが、個人で開業している医師は、ほとんどが個人事業主なのです。

一般的な商売をしている個人事業主と同じく、確定申告で所得を計算しなければなりません。ですから、**経費の話を避けて通れない**点も同じです。

ある年、Aさんは海外の学会に出席することになりました。学会への出席は1日ですが、せっかく外国に行くのだから観光も、ということで4泊5日の日程を組みました。

すると、それを聞きつけた奥さんが「あなた1人だけ海外旅行を楽しむのはズルい」といい出して、奥さんも同行することになりました。

結局、Aさんの往復の飛行機代ほかの交通費に加えて奥さんの交通費、Aさんのホテル宿泊代に加えて奥さんの宿泊代と、Aさん1人の場合と比べて2倍の費用がかかってしまいました。

Aさんはそれを、全額、経費として、その年の確定申告をしました。

◆税務調査で「否認」された！

さて、個人の場合も会社の場合も、確定申告で帳簿の提出までは求められないので、通常は経費の中身までは税務署に伝わりません。

しかし、たまに税務署の「税務調査」が入ることがあり、これがあると経費の中身も調べられます（64ページ参照）。

Aさんの場合も、その年に税務調査が入り、Aさんが「海外出張」と主張する海外旅行の費用も調べられました。

その結果、下図のように、**業務上の費用として認められた分だけが経費とされ、それ以外はプライベートな出費**だということで、「否認（申告した内容が認められない）」されたということです。

〈仕事＋観光〉の海外出張の経費はどうなる？

○＝経費と認められる
×＝経費ではなくプライベートな出費
（経費で申告すると税務調査で否認される！）

	往復の飛行機代	1泊めの宿泊代	2泊めの宿泊代（学会出席）	3泊めの宿泊代	4泊めの宿泊代
Aさん本人	○	×	○	×	×
Aさんの奥さん	×	×	×	×	×

Aさん本人の交通費と、学会に出席した日の宿泊代が経費。そのほかはプライベートな出費と見なされる!

Q 05 個人事業主の経費になる、ならないは何で決まる？

A

経費になるかならないかは領収書自体の問題ではなく、その支払いが「業務上の費用か」「どこまでが業務上の費用か」がポイントになります。

◆「業務上の費用」であることが大事

前項の4泊5日の海外旅行のケースで、Aさんはまず、学会に出席した当日の、Aさん本人の1日分の宿泊費が経費と認められました。

また、飛行機代に関しては、Aさん本人の往復の全額が経費と認められました。

これは、**飛行機代が学会に出席するためにどうしても必要な業務上の費用だから**です。

ちなみに、夫妻はファーストクラスを利用しましたが問題ありませんでした（134ページ参照）。

ただ、奥さんの飛行機代と宿泊費は、全額、否認されました（経費と認められなかった）。この場合、**奥さんが同行することが必要とは考えられず、Aさんの業務上の費用とはいえない**からです。

もし、Aさんが体が不自由で、奥さんの補佐が必要だったり、学会に「配偶者を同伴する」というルールがあったり、奥さんが外国語に堪能で通訳として同行したのなら、一部は認められたでしょう。

さらに、Aさんの宿泊費についても、「3泊分はプライベートですから、経費にはできません」と否認されてしまいました。

◆領収書の金額のうち、家事分を除外

トータルで見ると、宿泊費の8分の1、飛行機代の2分の1が、経費と認められました。残りの宿泊費と飛行機代は、私的な出費であるとして否認され

ました。

この場合、それぞれの領収書は、いずれも経費の分と私的な出費の分が区別されずに、1枚に記載されているでしょうから、それぞれ経費分にあたる8分の1と、2分の1の金額だけを経費とする処理をします。Aさんは個人事業主なので、「**家事分を除外する**」という処理です（74ページ参照）。要するに、領収書に記載された金額からそれぞれの8分の7、2分の1を、プライベート分とするわけです。

つまりこの場合、**領収書に記載された金額のうち、8分の1と、2分の1だけが経費として落とせる**ことになります。単純に、1枚の領収書に書かれた全額が、経費で落とせるか、落とせないか、ということではないのです。

このほかにも、領収書やレシートがなくても経費として落とせるケースや、領収書・レシート以外の証拠書類でも経費にできるケースなどがありますが、それらはおって見ていくことにしましょう。

大切なのは、その領収書が経費で落ちるか落ちないかではなく、「業務上の費用かどうか」「全額でないなら、どこまでが業務上の費用か」ということが大事なのです。

ファーストクラスでも
業務上の費用なら経費と認められる！

Q 06 ボツになった企画の取材費は経費になる?

A **なります。**企画のための取材費用は、企画が通れば当然経費ですが、ボツでも経費です。「試験研究費」とすれば落としやすいでしょう。

◆売上につながらなかった費用

一見、**経費で落とせなさそうに見えるけれど、じつは落とせる経費**というのがあります。

例をあげて見てみましょう。

Cさんは、出版社から本や雑誌記事の編集を請け負う編集プロダクションの社長。といっても、従業員はたまに奥さんが伝票の整理と経費の入力に来るくらいで、実質、社長1人だけの会社です。

そのCさんがあるとき、「アメリカ大陸横断のしかた」という本の企画を思いつきました。

早速、ネットや本で調べて企画書を書き始めたのですが、世の中に出回っている情報を寄せ集めただけでは説得力のある企画書が書けません。

Cさんは「やはり自分で体験しなければ」と思い、アメリカに取材旅行に行く計画を立てました。

もちろん、経理を預かる奥さんは大反対。

「勝手に行ったら、会社の経費として認めない。もし認めても、企画が通らなかったら、税金の申告で経費として落とせないだろう」というのです。

そういわれるとCさんも弱気になり、取材旅行に出かけられず、説得力のある企画書も書けないでいます。

この場合、企画が通らなかったら、その取材費用は経費で落とせないのでしょうか。

◆新製品開発の費用と同じ扱い

ボツになった企画のための費用でも、経費で落とすことができます。

もし落とせないなら、世の中の会社は新製品開発などできなくなってしまうでしょう。

発売まで至らなかった新製品のための費用は、一般的には「試験研究費」などの名目で、経費として落とされています。Cさんの場合も、そうした名目にすれば経費にしやすいでしょう。

もっとも、税務調査があれば、「観光目的の旅行ではないか」「本当に企画立案のための業務か」などの点は、厳しく確認されるはずです。また、旅行中に休養日などがあると、前項のAさんの海外出張のケースと同じく、その分が否認される可能性もあります。

帰国後にきちんと企画書を作成するのは当然として、現地での行動や、ボツに至った経緯などを、しっかり説明できるようにしておくことが大切です。

ボツになった企画の費用の扱いは？

発売に至らなかった新製品開発のための費用 → 一般に **試験研究費** という名目で経費に

同じように考えると…

ボツになった企画のための費用 → ボツになっても **試験研究費** などの名目で経費に!

一見、経費で落とせなさそうな費用でも経費にできるものがある!

Q 07

経費にならなそうだがじつは落とせる費用もある

A
直接、売上につながる費用だけが経費と思いがちですが、**直接、売上に結びつかない費用でも、経費として落とせるものがあります。**

◆「必要経費に算入できる金額」とは

前項で、ボツになった企画の取材旅行が経費で落とせるのは、どの売上のための費用か、直接決められなくても経費で落とせるからです。

国税庁のホームページには、「必要経費に算入できる金額」として、左図のような説明があります。

正確にいえば、これは個人事業主の所得税——事業所得、不動産所得、雑所得の場合の説明ですが、会社の場合の経費も、ほぼ同じと考えていいでしょう（所得の種類については185ページ参照）。

これによれば、まず、**①どの売上のための仕入原価、製造原価かが、わかる原価が、経費（必要経費）**です。

また、**どの売上のための費用かが、直接わかる費用も、経費**になります。

次に、②どの売上のための費用かわからず、**販売費、一般管理費に分類される費用も、経費**として落とせるものです。

◆直接売上に結びつかなくてもOK

「販売費」というのは、直接的な原価以外に売上のために必要な費用で、広告宣伝費や通信費、販売員の人件費などがあります。

また「一般管理費」は、直接的に売上のためとはいえないような費用で、事務所の家賃や水道光熱費、経理などの事務部門の人件費などのことです。

会社の決算書では通常、「販売費及び一般管理費」としてまとめてありますが、前項で説明した「試験研究費」も、立派に販売費及び一般管理費の1つになります。

だから、ボツになった企画の取材旅行も、普通に経費で落とせるのです。

さらに、**販売費、一般管理費でなくても、「その他業務上の費用」も経費で落とせます**。

ここまでくると、一見、経費で落とせなさそうに見える費用も、じつは落とせることがわかるでしょう。

経費で落とせる費用は意外に多い

国税庁ホームページに挙げられている

必要経費に算入できる金額

①総収入金額に対応する売上原価その他その総収入金額を得るために直接要した費用の額

②その年に生じた販売費、一般管理費その他業務上の費用の額

売上原価	その他直接要した費用	**販売費一般管理費**	**その他業務上の費用**
売上に結びついてる費用		**直接は売上に結びついていない費用**	

これらの費用はすべて経費で落とせる！

Q 08 経費のほかにも税金を減らせるものがある？

A **「所得控除」があります。**所得税の計算のもとになる「所得」を少なくしてくれるという点で、経費と同様に考えられます。

◆所得控除も広い意味での経費

ここでいったん、これまでの話をまとめておきましょう。まず、個人事業主や副業の場合です。

個人事業主や副業の場合、収入（売上）から経費を引いて、所得税などの計算のもとになる所得が計算されます。

ですから、計上できる――**落とせる経費をもれなく落とすと、納める税金をより少なくできます。**

落とせる経費とは、前項で見たように、売上の原価から業務上の費用までです。

ここまでの領収書が「経費で落とせる領収書」というわけです。

ところで、確定申告をしたことがある人はご存じでしょうが、個人の場合、経費を差し引いて所得金額を計算した後、その「所得から差し引かれる金額」というものがあります。

基礎控除をはじめ、配偶者控除、医療費控除など、「所得控除」と呼ばれるものです。

所得控除は、個々の事情に応じて、一定の額を所得の金額から差し引いてくれます。税金を計算するときのベースとなる所得が少なくなるのですから、その分、税金が安くなるわけです。

例えば、収入の少ない奥さんと生活している人は「配偶者控除」、その年に病気をして医療費をたくさん払った人は「医療費控除」が、所得の金額を減らしてくれます（詳細は180ページ参照）。

この所得控除された後の所得を「課税所得」といいます。

◆1人社長も所得控除の恩恵を受ける

一方、会社の法人税には、この制度はありません。しかし、**社長個人の給料にかかる所得税からも、所得控除は差し引かれます**。

誰もが、所得控除の恩恵を受けているのです。

所得控除は経費とは呼びませんが、税金がかかる所得の金額を少なくしてくれる点や、医療費控除などでは領収書の保存が必要になる点などは、経費と同じです。

個人事業主も1人社長も、この所得控除までを広い意味の経費と考えて、領収書の保管や申告書の記入もれなどに気をつけましょう。

課税所得の計算法と、経費の考え方

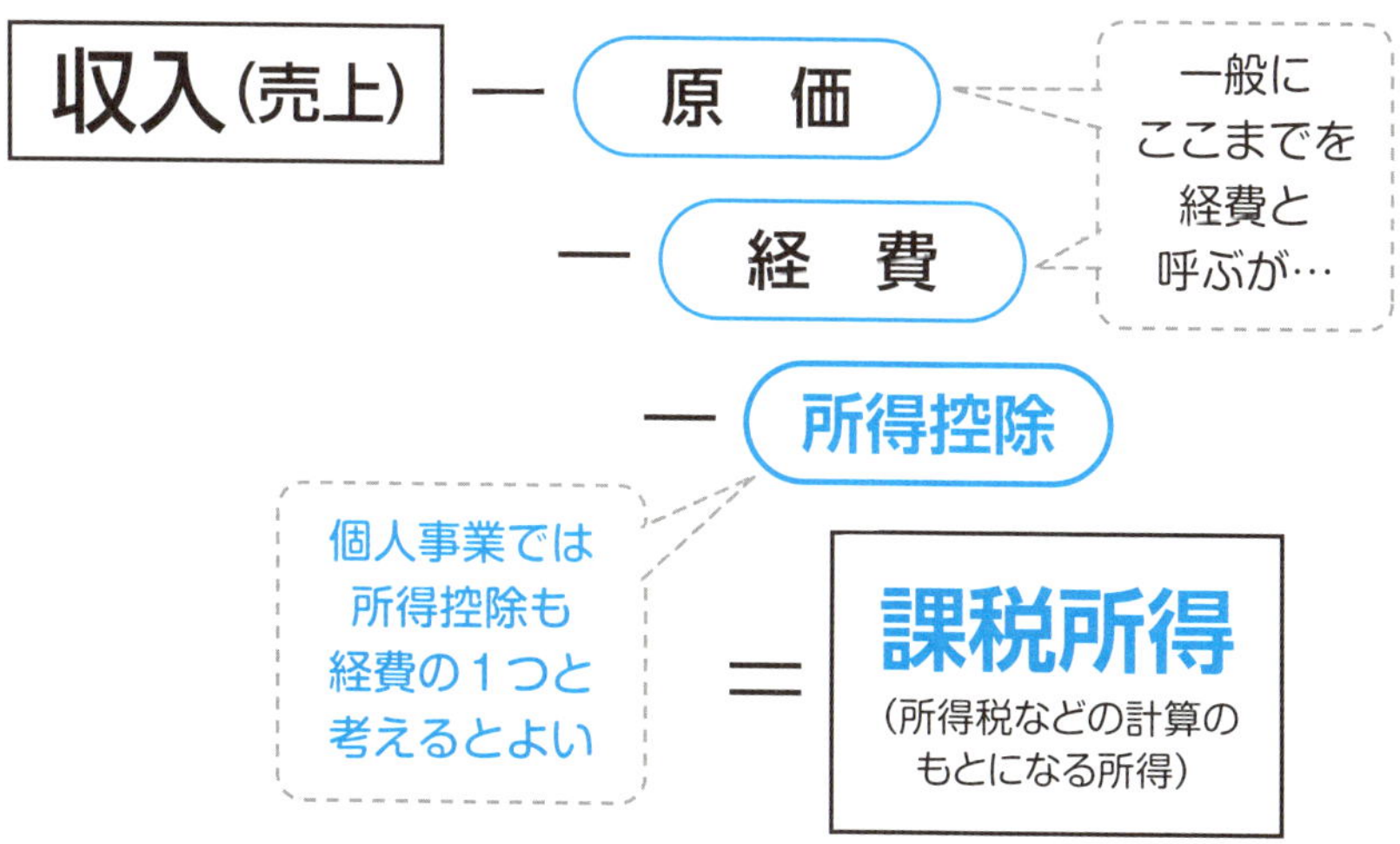

Q 09

会社の場合、所得が減らない経費がある？

A

あります。会社の場合、社長の臨時ボーナスや使途不明金は「損金」にならず、使ったお金は減っても会社の所得は減りません。

◆会社でいう「経費」の意味は？

個人事業でなく、会社の場合だと、「領収書を経費で落とす」ことの意味が違ってきます。

じつは、法人税などの計算では、「経費」という用語は使いません。

そのため、**会社で経費というときは、ケースバイケースで、何を指すかは意味がバラバラなのが実状**です。

販売費及び一般管理費だけを経費と呼ぶことが多いのですが、原価も含むことがありますし、さらに会社のその他の費用まで含めた、すべてを指す場合もあります。

会社の場合は、経費という用語にとらわれず、**どこまでが会社の「業務上の費用」かを考える**とよいでしょう。

では、会社ではどこまでが「業務上の費用」として認められるのでしょうか？

会社は、売上などの「収益」から、原価や販売費などの「費用」を差し引いて、「利益」を計算しています。

しかし法人税などの税金は、この利益の額から直接、計算されません。税金の計算のもとになる金額が、収益や費用とイコールではないからです。

会社の税金を計算するうえでは、**利益に対応するものを「益金」といい、費用に対応するものを「損**

金」といって、益金から損金を引いて会社の所得を計算します。

◆費用＝損金でないことに注意

ここで重要なのは、**費用＝損金ではない**ことです。

例えば、1人社長が自分に臨時のボーナスを出してしまうと、利益の計算のうえでは収益から差し引きますが、損金にはなりません。

益金から差し引かれないため、所得が減らないのです。

また、例えば社長が何に使ったかわからない経費――使途不明金を出してしまうと損金になりません。

さらに、交通違反をして支払った反則金も、たとえ業務中の運転であっても、損金にはできません。

このような、**損金にならない経費を出せば出すほど、会社のお金は減っても、税金は減らないのです。**

1人社長は、充分に気をつけましょう。

会社の「費用」と税務上の「損金」の違いは？

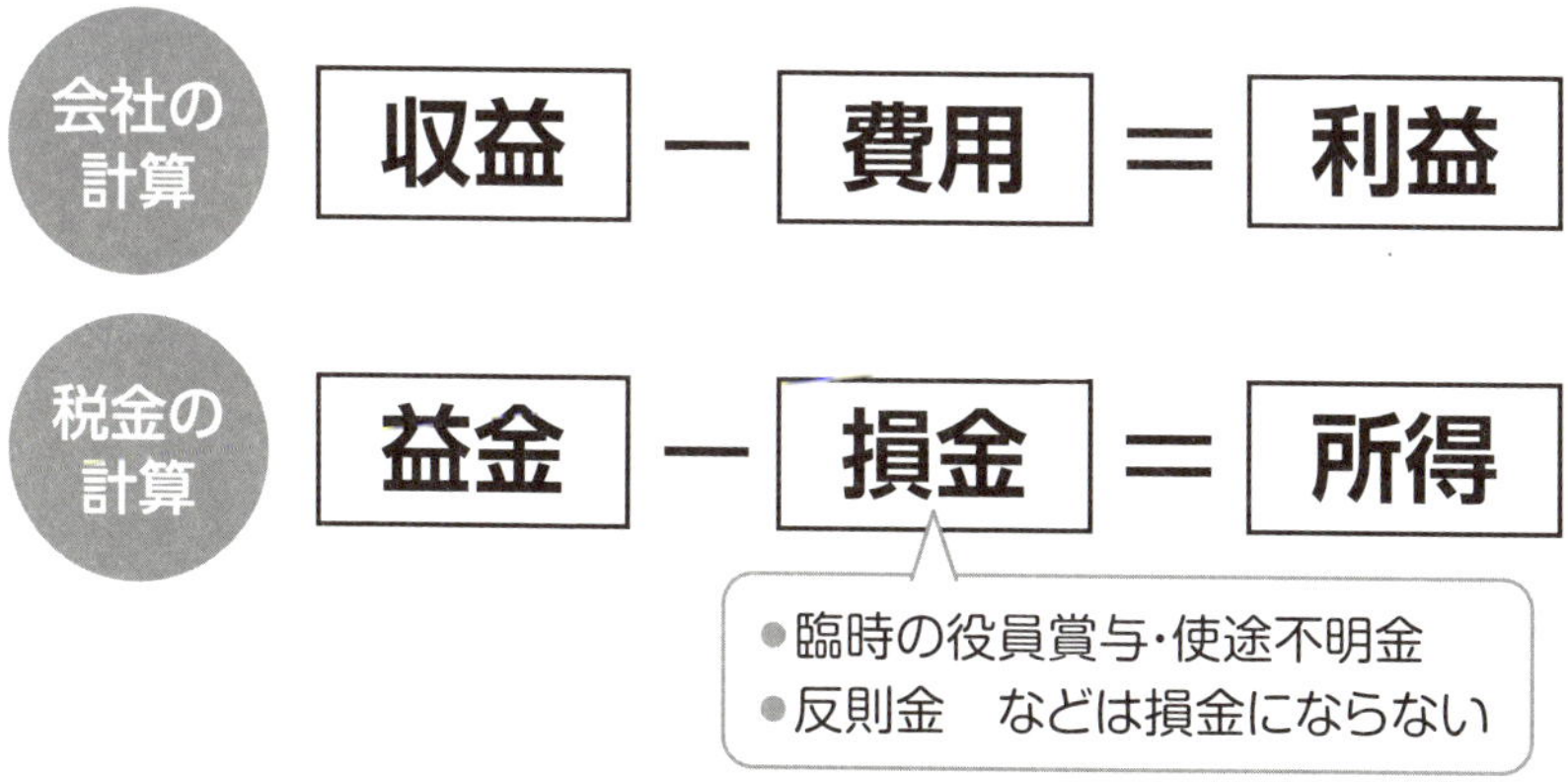

損金にならない費用（経費）が増えても
会社の所得は減らず、税金も増える

Q 10

10万円未満ずつ2枚に分けた領収書は有効か？

A

無効です。所得税法違反、法人税法違反であり脱税になります。10万円以上のものは原則、固定資産として減価償却します。

◆10万円以上のものは原則「固定資産」

仕事のために支払った出費でも、経費で落としてはいけない領収書があります。

法律に違反した「不法な領収書」もその1つです。

例えば、10万円以上の買い物を2枚の領収書に分けるという方法が不法にあたります。

10万円以上で買ったモノは、原則として「固定資産」にしなければいけないからです。

固定資産扱いになるものは、買ったときに支払った全額を、その年の経費にすることはできません。**「減価償却」といって、毎年、決められた額ずつを、減価償却費として経費で落とす**ことになります。

例えば、16万円のパソコンを買った場合、16万円全額をその年の経費で落とすことはできません。4万円ずつ、4年に渡って減価償却費で落とすことになります。

そこで、お店に頼んで、領収書を8万円ずつ2枚に分けてもらい、10万円未満の領収書にすることで、固定資産ではなく、その年に一括で落とせる消耗品という経費にしようというわけです。

◆経費を過大に計上するのは「脱税」

しかし、こうしたやり方は、はっきりいって脱税です。本来なら、買った最初の年に計上する経費は4万円なのに、16万円を計上するのですから。

個人なら所得税法違反、会社なら法人税法違反になります。

「故意」に領収書を2枚に分けたことが「仮装」とみなされ、その行為を「脱税」と呼ぶのです。

そんなことを考えるくらいなら、青色申告にすることを考えてみてはどうでしょう。そうすれば、**少額減価償却資産の特例により、一度に経費で落とせる額が30万円未満まで増えます**（123ページ参照）。

また10万円以上20万円未満のものなら、一括償却資産として、3年で均等に償却できる制度もあります。

脱税と節税はまったく違うものです。きちんと法律にそって申告しましょう。

いくらまでなら一度に経費で落とせるか

10万円未満	一度に経費で落とせる（10万円未満のものなら無条件で一度に経費で落とせる！）
10万円以上 20万円未満	**一括償却資産**として 3年で均等に償却することも可能
10万円以上 30万円未満	青色申告など一定の条件を満たせば **少額減価償却資産の特例**で、一度に経費で落とせる
30万円以上	**固定資産として減価償却**する

ただし、領収書を複数枚に分けて全額を経費で落とすやり方は
経費を過大に計上することになり脱税とみなされる！

Q 11 白紙の領収書をもらったが自分で金額を書いていい？

A **いけません。**悪意がなくても、本当に経費となるもので金額や内容が正しくても、自分や家族が書くと法律違反になります。

◆白紙の領収書に書くのは犯罪行為

領収書の中には、発行したお店や会社の名前が書かれているほかは、**日付や金額などが空欄になっている、いわゆる「白紙の領収書」**があります。

この場合、金額欄に、実際に払った以上の額を自分で書き込めば、より多くの額を経費にすることができると思うかもしれません。

また、実際の領収書とは別に、白紙の領収書をもらっておけば、あとから自分で、行ってもいない日付と、使ってもいない金額を書き込み、経費にすることができると思う人がいるかもしれません。

ところが、そうはいきません。いうまでもなく、これらはいずれも明白な違法行為です。これがサラリーマンなら、業務上横領にあたります。

また、個人事業主や1人社長が同じことをすると、事業で架空の経費を計上することになり、税法違反となります。

ただ、そこまで悪質ではないにしても、たまたま白紙の領収書を受け取るということは、あるかもしれません。

例えば、店主1人でやっている飲食店では、領収書を書いているヒマがなく、「自分で書いて」と白紙の領収書を渡されることがあるかもしれません。

こちらは、忙しい店主に書かせるのも気の毒だから、と受け取ってしまい、あとで自分で書き込む、といった場合です。

白紙の領収書に自分や家族が書き込むと…

サラリーマンが会社の経費を多めに書き込んだら…	→	業務上横領
個人事業主や1人社長が経費を多めに書き込んだら…	→	税法違反
自分や家族が金額や日付などを正しく書き込んだら…	→	私文書偽造

白紙の領収書に書き込む行為は法律違反！

でも、これも絶対にやってはいけません。

「日付や金額が正しければ問題ないのでは」と思うかもしれませんが、このような行為は私文書偽造という、れっきとした犯罪になります。

それなら自分で書かずに、奥さんに書かせればいいのでは——。いいえ、これだと奥さんを犯罪者にしてしまいます。

◆白紙の領収書しかもらえなかったら

もし、白紙の領収書を渡されたら、その場でお店の人に書いてもらうべきです。

どうしても書いてもらえない事情があるときは、あとで説明する「領収書ではない別のもので経費を使ったことを証明する方法」（44ページ参照）を使ってもいいでしょう。

あまりたびたびは使えませんが、1回や2回で、金額も大きくなければ、税務署に調べられても認められるはずです。

Q12 宛名が「上様」になっている領収書でもOK？

A 好ましくありませんが、大丈夫でしょう。宛名が領収書の絶対条件だったら、そもそもレシートを出すことができません。

◆「上様」は慣習的に使われている

手書きの領収書には、受け取る側の個人名や会社名を、発行する側に書いてもらうのが原則です。

しかし、それが複雑な漢字だったり、長かったりすると、「上様でいいです」としてしまうことがあります。

「上様」の表記は、領収書の宛名として慣習的に使われています。

上様と書かれた宛名は、領収書をもらった側の情報を何も伝えないので、宛名なしと同じことと考えられます。

前項でもふれましたが、お店の人が宛名を書き忘れて、空欄のままもらってしまうこともあります。

そういうときは自分で書き込まずに、**上様の宛名だったり、宛名がない領収書でも、そのままの状態で経費で落とす**ことにしましょう。

宛名「上様」や、宛名なしの領収書は、好ましくないとはいえますが、金額が少額の場合は慣習的に認められているので大丈夫です。

ちゃんと経費を使ったことを、あとで証明できれば大丈夫ということです。

ただ、金額が高額だと、**税務署は「反面調査」といって、納税者でなく、取引の相手側に調査が入ります**。

反面調査でウラが取れれば、経費になりますが、

宛名「上様」や宛名なしの領収書をもらっても
自分で書き込まず、そのまま経費で落とそう

相手側に記録が残っていないと、経費として認められない可能性もあります。

宛名なしのレシートでも大丈夫

宛名「上様」や宛名なしの領収書がダメといえないのは、一般的なレジロールのレシートにも受け取った人の名前がないからでしょう。

宛名なしをダメにしてしまうと、ほとんどのレシートが経費で落とせなくなってしまいます。

そのあたりのことは、所得税法や法人税法には明記されていません。

ちなみに、消費税法（施行令）には、金額が3万円未満の場合や、3万円以上でもやむを得ない理由があるときは、「書類の交付を受ける当該事業者の氏名又は名称」は記載がなくてもよい、と書かれています。

これはレシートを想定していると考えられます。

Q 13

収入印紙が貼っていない領収書は経費で落とせる？

A **落とせます。**印紙が貼っていないのは印紙税法違反ですが、これは文書作成者側の問題であり、受け取った側は関係ありません。

◆印紙税の納付義務は文書作成側にある

受取金額が5万円以上の領収書には、200円の収入印紙を貼らなければならないことは、ご存じの方も多いでしょう。

収入印紙とは、「印紙税」という税金を納めるために、政府が発行している証票（証拠となるものの一種）です。

5万円以上の領収書には、印紙を購入して貼り付け、はがして再利用などができないように、領収書にまたがって押印——消印をしなければなりません。

5万円未満の領収書で、この印紙の貼付が必要ないのは、印紙税が非課税だからです。

もっとも、5万円以上の領収書で印紙が貼っていなくとも、領収書としては全く問題ありません。

なぜなら、必要な印紙が貼っていないのは印紙税法の問題であって、印紙税の納付義務は文書の作成者、つまり発行した側にあるので、**受け取った側は法律違反にならない**のです。

◆金額の書き方で印紙不要のケースも

仮に、税務調査で貼付もれの領収書が発見されても、税務署は領収書を発行した側に徴収に行くので、受け取り側に問題はまったくありません。

逆にいうと、領収書を発行するときは、印紙税法違反にならないように注意が必要です。

必要な印紙が貼付されていないと、もともとの印紙税額の３倍の「過怠税《かたい》」というペナルティが課せられます。

また、印紙税は「租税公課《そぜいこうか》」の名目で経費に落とせますが、過怠税は落とせません。

ちなみに、自主的に貼付がないことを申し出たときは１・１倍、貼付があっても所定の消印がないと、元の印紙税額と同額の過怠税となります。

また、金額の書き方にも注意が必要です。

５万円未満は非課税というのは、消費税を別にした額です。

ですから、４万９８００円の商品を売って、「領収金額５万４７８０円、うち消費税額４９８０円」と書くと、印紙税が非課税になります。

しかし、たんに「領収金額５万４７８０円」だと、消費税額がわからないので印紙が必要です。

5万円以上の領収書に印紙が貼っていないと…

受け取る側

200円の収入印紙が貼っていない領収書を受け取ったら…

→ **領収書として問題なし**

発行する側

5万円以上の領収書を発行したのに200円の印紙を貼らなかったら…

→ **印紙税法違反**

➡印紙税額の3倍のペナルティが課される!

注意 5万円未満の非課税は、消費税を別にした額

Q14 領収書でなくてもいい場合がある？

A 必要経費を支払ったことを証明する文書の代表格が領収書です。ただ、**領収書でなくてもよい場合もあります。**

◆現金支払いならレシートでOK

ここまで、経費で落とせる領収書、落とせない領収書をいくつか見てきましたが、領収書だけが経費で落とせるのか、ほかの文書では落とせないのか、ここで整理しておきましょう。

前項で見た印紙税の税額は、印紙税額一覧表というものに書かれています。

その一覧表で、領収書が分類される文書の種類は「**売上代金に係る金銭又は有価証券の受取書**」というものです（そこに受取金額5万円未満は非課税と書かれています）。

これが、領収書の本質といっていいでしょう。

ところで、代金の支払いには主に現金の場合と、振込みの場合があります。

通常の買い物を現金で支払うときには、納品書や請求書といった文書は付いてきません。

そこで「領収証」などと印刷された文書に記入してもらい、支払った金額などを証明してもらいます（市販の用紙の多くは「領収書」ではなく「領収証」と印刷されていますが、基本的に同じと考えてかまいません）。

もっとも、いちいち手書きで領収証を発行するのは面倒なので、少額の買い物ではレシートが発行されます。

また、現金での経費の支払いが記録できれば、必ずしも領収証・レシートである必要もありません（次項を参照）。

◆振込みは納品書が領収書代わりになる

次に、代金の支払いが振込みの場合、通常は納品書や請求書といった文書が発行されます。レシートが出ることはありません。

領収書は、発行される場合と発行されない場合がありますが、発行されなくても、**納品書や請求書を領収書にできる場合があります**（46ページ参照）。

要は、現金や振込みによる代金の支払いを証明できなくても、それが経費で落とせるものと立証できればよいのです。

ですから、代金の支払いが経費の発生とも限りません。例えば、振込みではそもそも領収書が不要という場合があります（47ページ参照）。

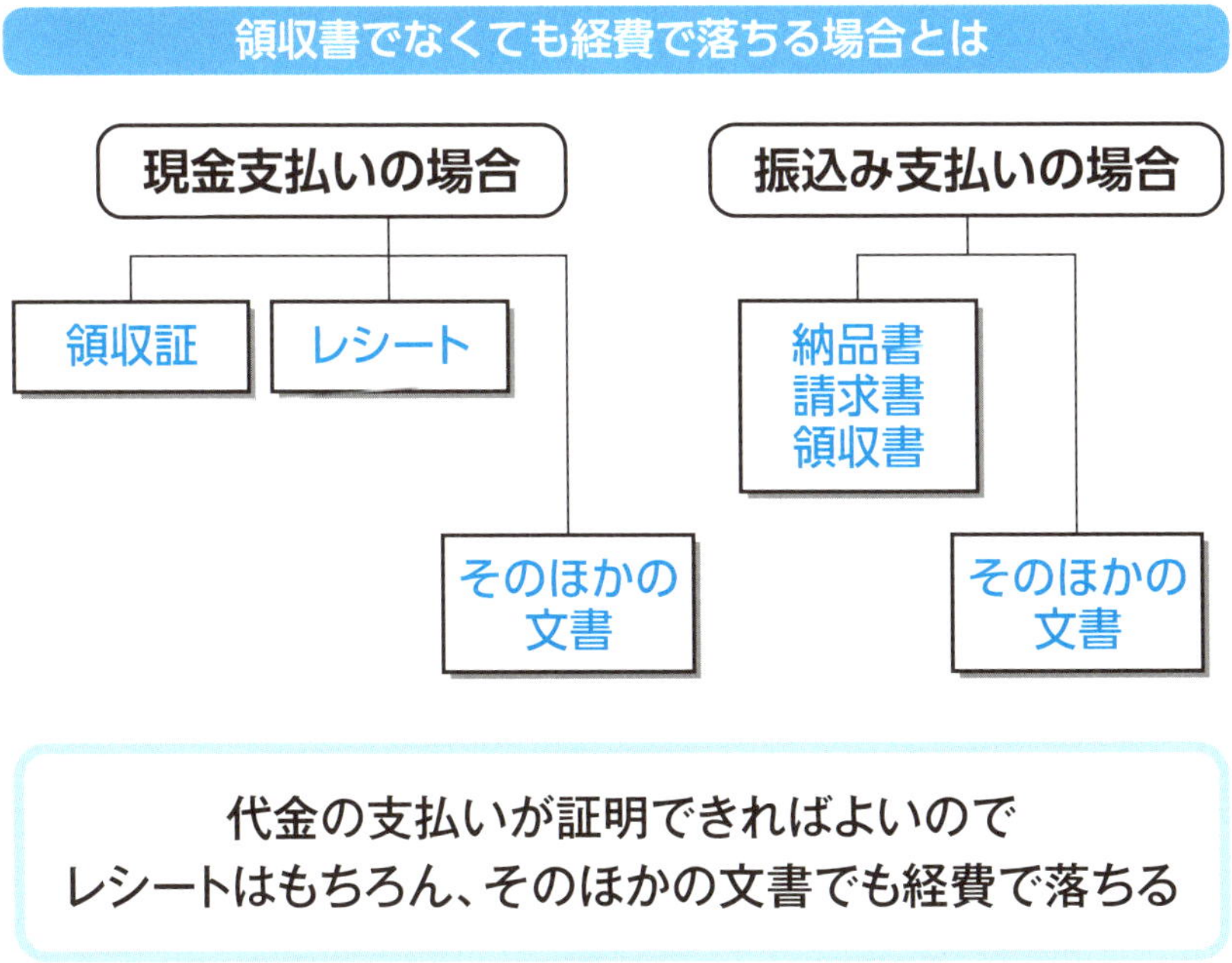

Q15 自販機で買ったものはどうすればいい？

A 自販機は現金の支払いを証明する受取書を出してくれませんから、**自分で記録を残します**。出金伝票などを使う方法があります。

◆出金伝票などで記録を残す

そもそも、領収書をもらいたくても、もらえない場合があります。

その代表格が、自動販売機です。

例えば、Eさんの事務所に、取引先の人が打ち合わせに来ることになりました。事務所はふだん、来客との打ち合わせに使わないので、急な来客に出す飲み物の用意がありません。

そこでEさんは、近くの自販機まで走って、1本150円のお茶のペットボトルを2人分買いました。

取引先の人に出すお茶代は、明らかに事業に必要なものです。打ち合わせ――会議の際に出すお茶は（お菓子や食事などの飲食代も）「会議費」という経費になります。

ところがこの場合、自販機なので領収書が出ません。どうなるでしょうか。

領収書がもらえないなら、自分で記録を残しましょう。ただし、メモ用紙に金額だけメモする、というのはダメです。

こうした場合、例えば**出金伝票や振替伝票を使う**方法があります。

これらの伝票を使うと、金額、日付、内容などをもれなく記録できます。

取引などの事実を証明する証拠を「証憑《しょうひょう》」といいますが、この場合は出金伝票などが証憑になります。

出金伝票の記入例

出金伝票 No. 1
20〇〇年 10月 30日

認証印						係印	新星

コード		支払先	台東二丁目自動販売機 様

勘定科目	摘要	金額
会議費	お茶のペットボトル２本	¥278
	Ｚ社田中様打合せ	
	消費税 8%	¥22
合計		¥300

◆証明できる資料があればベスト

上図が、出金伝票にお茶代を記入した例です。

このようにして記録をきちんと残しておかないと、実際の現金と、帳簿上の現金残高が合わないことにもなります。

面倒でも、ちゃんと書き残しておきましょう。

通常、税務署の調査で３００円程度のお茶代が追及されることはありませんが、**自分個人で飲んだお茶代ではないこと、架空計上ではないことを証明できるようにしておく**とベストです。

そのためには、取引先の人が来て打ち合わせをしたことを記録したスケジュール帳などが使えます。

打ち合わせの内容を記録したノートなども使えますが、その場合は、日時と場所、相手の所属と氏名などもきちんと記録しておくと確実です。

Q 16

結婚式のご祝儀、告別式の香典は経費になる？

A
仕事上の相手に渡すならご祝儀や香典も**経費になります。**証明のために招待状や礼状をとっておきましょう。

◆支出した証拠を残すことが大事

領収書がもらえないケースには、結婚式で包むお祝いや、お通夜・告別式で供えるご霊前などもあります。

このようなご祝儀や香典も、**仕事上の付き合いの人に渡すもので、常識的な金額であれば、経費で落とせます。**

ただ問題は、冠婚葬祭では当たり前の話ですが、領収書がもらえないことです。

記録自体は、前項の自販機の場合と同様、出金伝票やスケジュール帳などで残せますが、金額が5000円から数万円と、お茶代よりもケタが大きくなります。

確かに支出した事実を補強する証拠が、自分の記録した伝票やメモ以外にも欲しいところです。要するに、何か客観的な証拠を残したいのです。

◆結婚式は招待状、お通夜は礼状が適当

結婚式に参列した証明としては、式の招待状が適当です。

相手の名前が入っているので、反面調査（34ページ参照）をされても個人的な知り合いでも、そうでなくても、主として仕事上の付き合いの人であることが証明できます。

日時と場所も記載されているはずですから、それ

らの証明として使うことができるのです。

招待状でお祝いの金額までは証明できませんが、常識的に妥当な金額なら、税務署に疑われることはないはずです。

一方、お通夜や告別式は招待状などありません。訃報があれば、お通夜や告別式があったことや、その日時と場所を明らかにできますが、訃報だけでは参列したかどうかは証明できません。

そこで、**お通夜や告別式の場合は、返礼品に付いてくる礼状を保管しておく**とよいでしょう。

礼状には、相手の名前や日付が入っています。参列した証明としても確実です。何より礼状は、香典を出した人しかもらえません。

金額は結婚式と同様、常識的な範囲内なら問題はありません。

領収書が出ない結婚式やお通夜で
ご祝儀や香典を渡したら
招待状や礼状をとっておく

Q17 領収書のない出費はどうすれば経費になる？

A 自販機での購入や、冠婚葬祭の祝儀・香典など、領収書がない出費でも**「自分の足どりを残しておく」ことで経費にできます。**

◆出金伝票で足どりを残す

ここまで見てきたように、領収書が「ある」か「ない」かが、経費で「落とせる」か「落とせない」かを決めるわけではありません。

領収書がないと、税務調査で疑われるのではないかと、弱気になる人がいるかもしれません。しかし、前にも述べたように、仕事で使った経費を計上しないのは、節税以前に自分や会社のソンになります。

領収書がないなら、別のもので経費を使ったことを証明する方法を考えましょう。

そのためには、いうなれば「**自分の足どりを残しておく**」べきです。

領収書がない経費を、出金伝票などに記入しておくのも、そのまま経費処理ができるからという理由だけではありません。

領収書がない経費の、支出した金額、日時、内容などが、もれなく記録できるからです。これは充分に証憑《しょうひょう》としての役割を果たします。

ですから、出金伝票をメモ帳代わりに持ち歩く人もいます。そして、電車に乗ったら車中で電車賃を記入し、出先の自販機で打ち合わせ用のお茶を買ったらその場で記入するのです。

そうすることによって、記録モレだけでなく、経理のために使う時間の短縮にもなります。

出金伝票を書くほか、スケジュール帳や
日誌で「自分の足どり」を残しておこう

◆スケジュール帳で足どりを残す

そのほか、**スケジュール帳や、日記・日誌などで、自分の足どりを残しておく**ようにします。

とくに、人が来訪した場合と、出かけた場合の記録は必須です。経費が発生している可能性が高いからです。

スケジュール帳は、記録として役立つように、予定の変更や、予定外の外出などを細かく修正して記録しておきます。

また、日記・日誌などは、人の来訪と外出を中心に記録します。当然、スマホのスケジュールアプリも立派な証拠です。

このように、自分の足どりをしっかり残しておけば、領収書のない経費――交通費や冠婚葬祭の出費、自販機での購入などにも対応できるでしょう。

あまりひんぱんでなければ、領収書のもらい忘れも、この方法でフォローして大丈夫です。

Q18 送り状や納品書は領収書の代わりになる？

A

送り状や納品書が**領収書として有効なケースがあります。**また納品書を証明書類として経費の発生を記録する場合もあります。

◆領収印を押した送り状は有効

領収書がない出費を経費で落とすには、前項で見た出金伝票を使う方法のほかにもう1つ、**領収書に代わる伝票類を利用する**方法があります。

最もおなじみなのは、宅配便などの「送り状」でしょう。コンビニなどで宅配便の発送を頼み、料金を支払うと、複写式伝票の一番上の送り状に、ポンと領収印を押してくれます。

コンビニなどではレシートも発行してくれますが、**領収印を押した送り状も領収書として有効**です。発送先の相手がわかるので、より確かな証憑《しょうひょう》となるでしょう。

もちろん、レシートと送り状の二重計上はしてはいけません。日付と金額も同じなのですぐにバレてしまいます。これは脱税です。

同じように、酒類を配達する酒屋さんなどに現金で支払った場合に、持参の納品書に受領印を押して領収書に代えることができます。

そうした納品書も、領収書として有効です。

◆納品書だけでも有効

納品書でしか経費の発生を証明できない、というケースもあります。

というのは、青色申告をしている（個人事業主では65万円の青色申告特別控除を受けている）場合、

納品書だけでも経費になる場合とは

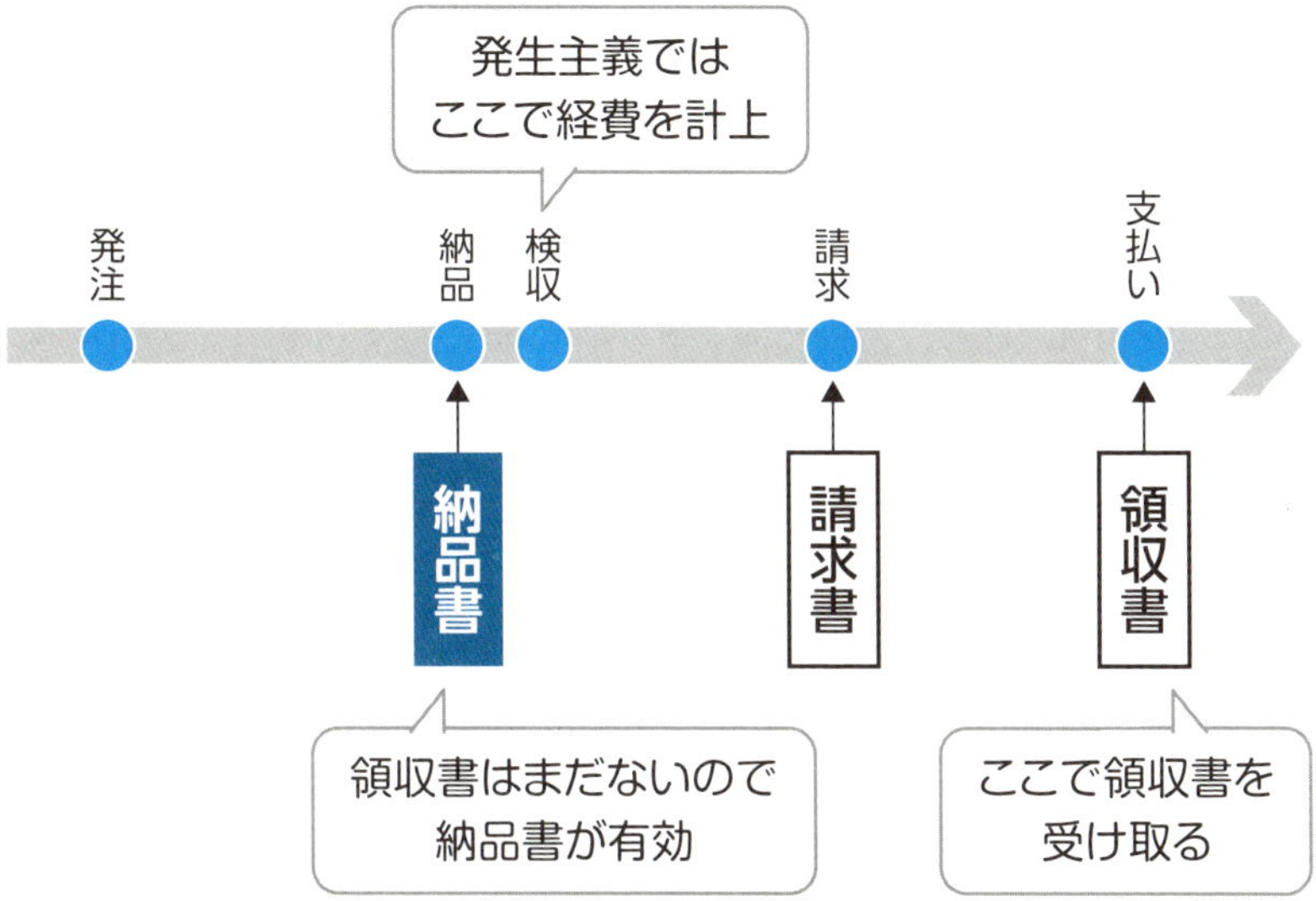

経費の発生は「現金主義」でなく、「発生主義」で記帳しなければならないからです。

発生主義とは、現金や預金の入出金があったときでなく、実質的に売上や経費が発生した日付で記帳する方法です。つまり、仕事が終わった時点で売上や経費とする方法です。

例えば、経費の計上は、納品があって検査の上で受け取った――検収した日などになります。

ところが、その時点ではまだ代金を支払っていないので、領収書はありません。

そこで、納品書です。

納品書は、代金を払った証明にはなりませんが、納品された証明になるので、経費の発生を証明するものとして有効なのです。

ちなみに、この場合、振込みによる代金の支払いでも証憑となるため、証明書類としての領収書は不要になります。

Q19 納品書に手書き記入は領収書の代わりになる？

A いつもの領収書を忘れて、納品書の裏に「○○円受領しました」と手書きした場合でも、**領収書として有効**です。

◆受け取る側は全く問題なし

何か商品を納品して、その場で現金で集金するような場合、納品の担当者はたいてい領収書のつづりを持ち歩いているものです。

商品を受け取って代金を支払うと、領収書のつづりを取り出して必要な事項を手書きで記入し、手渡してくれます。

しかし、その領収書のつづりを忘れて納品にきてしまうと、この方法は使えません。

すると担当者によっては、その場で納品書の裏に「30万円受領しました」などと書き込み、署名捺印して差し出す人がいます。

このように、**納品書の裏に手書きされたものも、領収書として有効**です。経費で落として問題ありません。ただし、金額が5万円以上だと、収入印紙が貼ってないという問題が起きます。つまり、印紙税法上の問題です。

もっとも、印紙が貼ってなくても領収書としては有効なので、受け取る側としては問題ありません（36ページ参照）。

反対に、5万円未満の金額なら、印紙税も非課税で印紙は不要です。

◆納品書は領収書と同じ要件を満たす

納品書に手書きしたものでも有効なのは、納品書や領収書、それに請求書などは、通常、記載してある事項が同じだからです。

次項で説明しますが、これらの文書には通常、すべてに**「発行者の名前、年月日、取引内容、金額、受取人の名前（宛名）」が書かれています**。

ですから、そこに手書きで、その金額を受領したことを書き込むと、領収書としての要件を満たしたことになるわけです。

ただし、2019年10月に消費税率が10％にアップされ、軽減税率が導入されてからは、これらの文書に記載する事項が増えました（52ページ参照）。

また、2023年10月からは、消費税の「適格請求書等保存方式」という制度が始まり、さらに記載する事項が増えます（82ページ参照）。

2019年から2023年にかけては、これまであまり変化がなかった領収書の記載事項も厳格化されていくことになります。

領収書がなくても、納品書の裏に
「○○円受領しました」と書いてあればOK

Q20 領収書には何が書いてあればいい？

A 領収書などで必要な記載事項は、**発行者、年月日、取引内容、金額など**です。

◆「請求書等」は保存の義務がある

そもそも、領収書には何が記載されていればいいのでしょうか。

領収書に必要な要件を説明しましょう。

所得税法や法人税法には特段の定めはありません。消費税ができたときに領収書に必要な具体的な要件が定められました。消費税のしくみ上、必要だったからです。

消費税を納税している人はご存じでしょうが、「納める消費税額」は、売り上げた際に相手から「預かった消費税額」から、仕入のときなどに「支払った消費税額」を差し引いて計算します。

これを「仕入税額控除」といいます。

仕入といっても、原材料や商品だけでなく、外注費から水道光熱費、事務用品費に至るまで、すべての支払った消費税額が差し引く対象になります。

これが、原則的な消費税額の計算方法になっています（簡単に算出できる「簡易課税」というものもあります。61ページ参照）。

このとき、預かった消費税額は売上から計算できますが、支払った消費税額には、何か支払ったことを証明するものが必要です。

そこで「請求書等」――**請求書や納品書、領収書などを保存してもらうことにした**のです（「請求書等保存方式」という）。

そして、「請求書等」の記載事項を法令で定めました。それが下図です。

◆消費税法で定める記載事項

消費税法での定めですから、所得税や法人税の申告ではこれに従う必要はないのですが、わざわざ別に、所得税・法人税用の請求書や納品書、領収書をつくる必要もないでしょう。

ということで、この**消費税法上の定めが、領収書の記載事項として事実上のスタンダードになっています**。

市販されている手書き用の領収証・の用紙も、これらの記載項目を記入できるようにしたものがほとんどです。

こうして領収書の記載項目は決まりました。ただし、これは消費税が10％に上がる、2019年9月までのことでした（次項に続く）。

消費税法で定める領収書の記載事項

預かった消費税額 － 支払った消費税額 ＝ 納める消費税額

◆これを証明する「請求書等」の記載事項◆

- **発行者**……… 作成者の氏名または名称
- **年月日**……… 譲渡を行った年月日
- **取引内容**… 譲渡の資産または役務の内容
- **金額**…………… 譲渡の対価の額
- **宛名**…………… 受け取る事業者の氏名または名称

Q 21

新消費税で領収書の記載事項が変わった？

A

消費税の軽減税率が導入されてから、軽減税率の対象かどうかと、**税率ごとの合計金額**が、新たな記載事項に加わりました。

◆軽減税率の導入で記載事項が増えた

2019年10月、消費税率が10%にアップされ、同時に飲食料品などの軽減税率が導入されたのは記憶に新しいところです。

それと同時に、領収書の記載事項が変わったことに気づいた方もいるでしょう。

レシートのほうが、違いがわかりやすいかもしれませんが、個別の金額に「軽」の字や、「※」印が付いたり、「10%対象」「8%対象」といった欄が増えました。

これは、領収書（請求書等）の記載事項が変更されたからです。これまでの「取引内容」と「金額」（前項の図を参照）の部分が変更され、左図のように**「軽減税率の対象であることがわかる内容」と、「税率ごとに合計した金額」が追加**になりました。

まず、取引が「軽減税率の対象であることがわかる内容」として、レシートには個別の金額に「軽」の字や「※」印が付くようになりました。

レシートのどこかに小さく、「軽（※）は軽減税率（8%）適用商品です」などと、説明が付記されているはずです。

次に、10%と8%の「税率ごとに合計した金額」がわかる欄が設けられました。

レシートによっては「○%対象商品金額計」など

新消費税後に追加された領収書の記載事項

軽減税率の対象であることがわかる内容

譲渡の資産が軽減税率の対象である場合は、資産の内容、および軽減税率対象資産の譲渡であることの明記

税率ごとに合計した金額

10%、8%の税率ごとに合計した譲渡の対価の額（税込価格）

2023年9月まではこの形がとられる

と、ていねいに書かれている場合もあります。

この、変更された方式を「区分記載請求書等保存方式」といいます。

これまでの「請求書等保存方式」のアタマに「区分記載」と付けたわけですね。

◆現在の形は2023年9月まで

税務当局としては、もっと本格的な変更をしたかったようですが、2つの消費税率を使い分けるだけでも、事業者にとっては大きな負担です。

そこで当面、2023年9月までは、領収書などの変更を必要最小限に抑えることになり、現在の形がとられています。

ですから、**2023年10月からは、さらに厳格な方式に変更されます**。領収書の記載事項は、さらに増えることが確実です（82ページ参照）。

Q22 新消費税後は領収書よりレシートのほうがいい？

A レシートはこれまで領収書の代用品でしたが、いまは8％と10％の消費税が入り交ざるため、**レシートのほうが好ましい**といえます。

◆領収書しか認めない会社もあったが…

新消費税で、軽減税率が導入される以前は、**レシートは領収書として有効ではありましたが、あくまでも代用品の扱い**でした。

その証拠に、レシートには領収書の要件である宛名が記載されていません。誰が使った経費かわからないレシートよりも、きちんと宛名が入った領収書のほうが好ましい、とされていたのです。

会社によっては、社内での経費の精算は宛名の入った領収書だけとして、レシートは認めないところもあったほどです。

そのため、お店のレジで「レシートでなく領収書をください。宛名は株式会社○○で」という人の姿もよく見かけられました。

しかし、消費税率が10％に上がり、8％の軽減税率が導入された現在、レシートをめぐる環境も変わりました。

例えば、ドラッグストアをイメージするとわかりやすいでしょう。

1つのフロアに10％の商品と8％の商品が入り交ざり、必要なものはどれも同じバスケットに入れます。

そして、1つのレジを通り、10％の商品と8％の商品を分けることなく会計を済ませるのです。

ここでもし、「レシートでなく領収書をください」

といったら、ちょっと面倒なことになるかもしれません。

◆レシートは商品ごとの税率がわかる

市販されている手書き用の領収証でも、現在の記載事項に対応していますが、「税率ごとに合計した金額」や「軽減税率の対象であることがわかる内容」を手書きするのは面倒な作業です。

領収書の記載事項の要件を満たした、正しい手書きの領収書をもらえる確率は、そう高くありません。

その点、レシートなら、内容は1商品ごとの税率まで詳しくわかります。

いまは領収書よりも、レシートのほうが好ましいといってよいでしょう。

今後は、より具体的な中身がわかるレシートでなければならない、という方向に進むかもしれません。

軽減税率のレシートと領収書

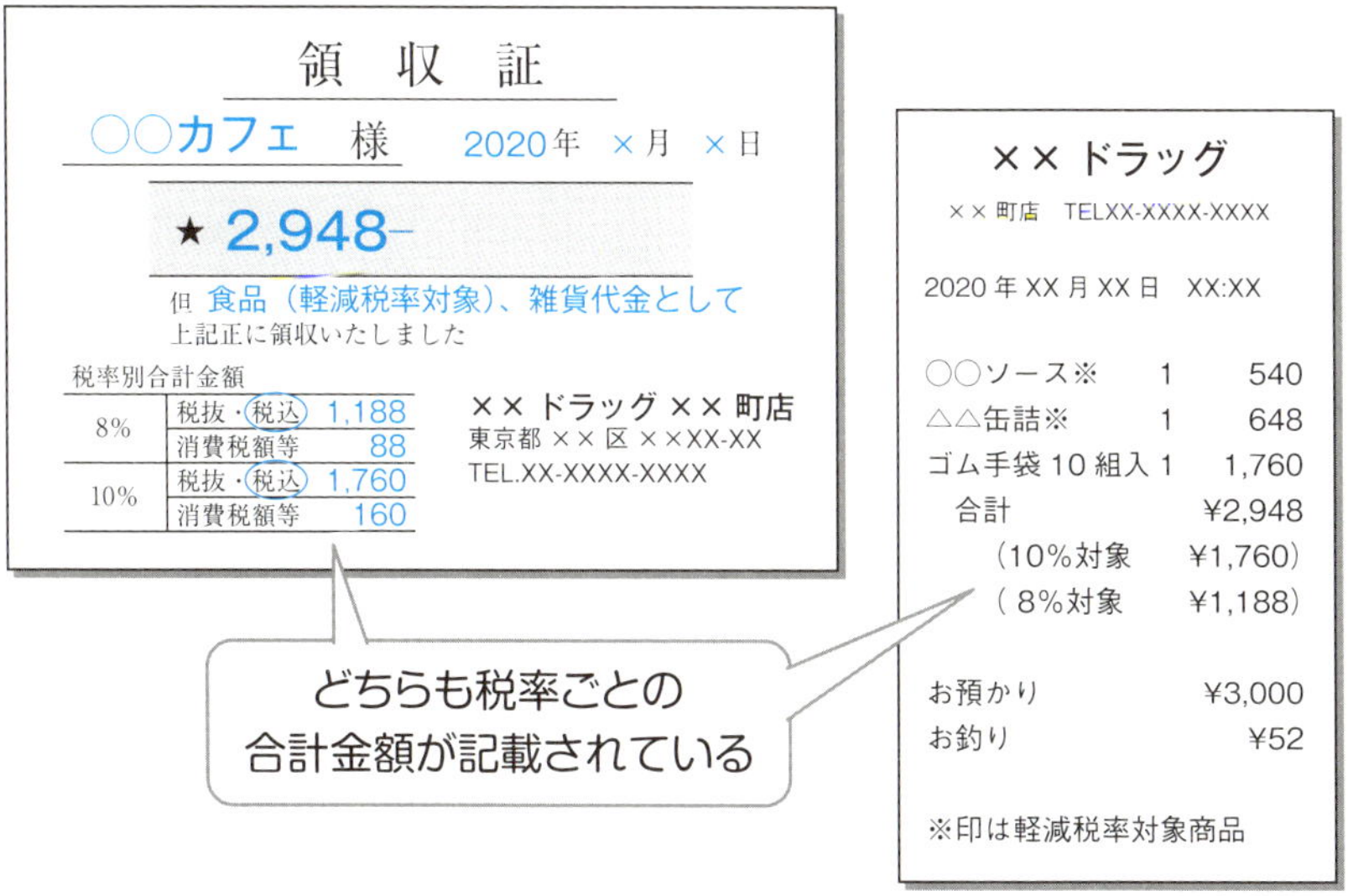

Q23 なぜ領収書の消費税額が大事になる？

A 支払った消費税は「経費」のようなもの。**領収書の消費税額が認められないと、消費税を納めるときにソンしてしまいます。**

◆支払った消費税額がもれるとソン

「領収書をください」といって、レジ係の人がよくわからずに「領収金額〇〇円　確かに領収しました」とだけ手書きした領収書をもらってしまっても、所得税や法人税の申告では問題ありません。

経費として、支払った額の証明にはなるでしょう。しかし、売上が１０００万円以上あって、消費税の課税業者になっていると、これは問題です。

50ページで見たとおり、消費税の課税業者は、原則、預かった消費税（正式名称は「課税売上げに係る消費税額」）から、支払った消費税額（同じく「課税仕入れ等に係る消費税額」）を差し引いて、納める消費税額を計算します。

左図のような計算式になりますが、これと似たような計算式を、ここまでの話の中で見た記憶がありませんか？

そうです、収入（売上）から経費を差し引いて、所得を算出する計算式とよく似ていますね（13ページ参照）。支払った消費税額というのは、所得に対する経費のようなものなのです。**支払った消費税額をもれなく認められないと（計上できないと）、本来は納めなくていい消費税を納めることになり、ソンをしてしまいます。**

◆10％で買っても8％しか認められない？

例えば、税務調査で、消費税額の記載がない、ドラッグストアの領収書が見つかったら、「ドラッグストアには飲食料品もありますよね」という話になります。

その場合、本当は税率10%の日用品を買っていても、8%しか、支払った消費税額として認められない可能性が高いでしょう。

2%の差額分、消費税の納税額が増えてしまいます。納めなくていいはずの消費税を、納めなくてはいけないことになるわけです。

なお、受け取った領収書に「軽減税率の対象であることがわかる内容」と、「税率ごとに合計した金額」がなかった場合、受け取った側がそれを追記してもよいそうです。消費税法違反や、私文書偽造には問われないわけですね。

ただしこれは、区分記載請求書等保存方式の例外措置なので、そのほかの内容を追記したり、通常の「請求書等」に勝手に追記することは認められません。

領収書の消費税額＝支払った消費税額が認められないと…

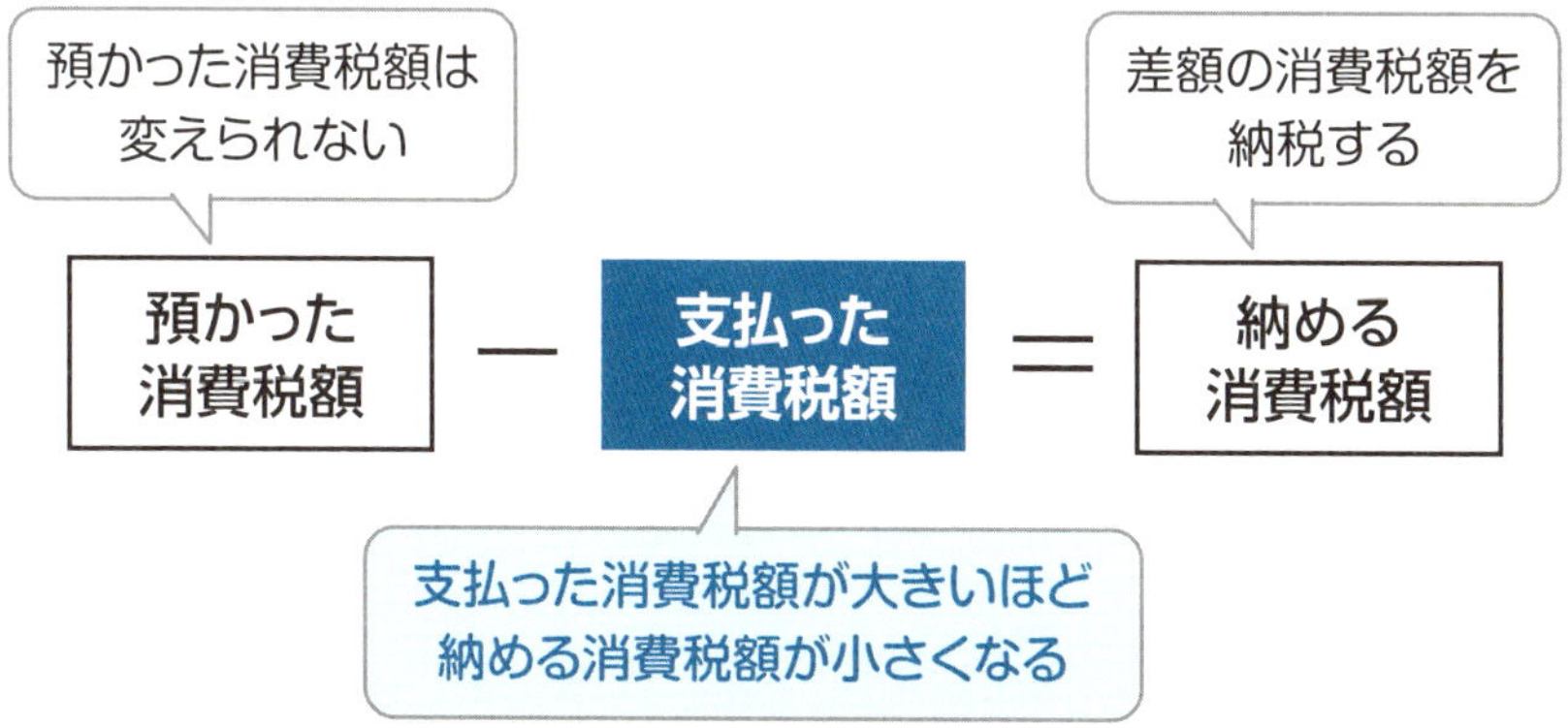
預かった消費税額は変えられない
差額の消費税額を納税する
預かった消費税額
－
支払った消費税額
＝
納める消費税額
支払った消費税額が大きいほど納める消費税額が小さくなる

支払った消費税額をもれなく認められないと
その分、余分な消費税を納めることになる!

Q24 「お品代」と但し書きした領収書でも問題ない？

A 領収書の記載事項が厳格化しているため、「お品代」といったあいまいな記載は、**今後は認められないケースが増えていく**でしょう。

◆あいまいな記載は認められない傾向に

消費税の軽減税率導入で、領収書やレシートの記載事項が厳格化されたことから、**今後は記載事項のもれや、あいまいな記載が認められない傾向が強くなりそうです。**

例えば、手書きの領収書でよく使われる「但し書き」の「お品代」。宛名「上様」とともに、あいまいな記載の代表格ですが、これまでは慣習的によく使われてきました。

領収書を発行する側からすれば、領収書の自由度を高めてあげようという好意なのかもしれません。

例えば、本屋さんが「お品代」と但し書きした領収書があったとして、仕事に使う書籍だと主張すれば「新聞図書費」に、文房具だといい張れば「事務用品費」に分類できてしまいます。

最近の本屋さんには、いろいろなものが置いてありますからね。

さらに、じつは個人の趣味で読むコミック本を買ったのに、業務用の参考書と偽って、経費で落とすような悪用もできないことはないでしょう。

ですから、「お品代」のような但し書きはあまり好ましいものではありませんでしたが、発行する側もサッと書けることもあって、長く使われてきたのでしょう。

◆経費で落とせない可能性もある

消費税の面で、「お品代」と但し書きされた領収書は、発行者が何のお店かわからないような場合、買い物をした場所によっては、消費税の面では最低でも、不利判定されて低いほうの税率、8％しか認められないでしょう。

さらに、所得税や法人税の面でも、経費で落とせない可能性があります。所得税法や法人税法では、もともと、何に使ったかわからない領収書は否認されてもしかたないという考え方があるからです。

ほかの領収書が記載事項をきちんとしていく中で、**手書き領収書で「お品代」と但し書きするのは、今後はちょっとムリかもしれません。**

ただ、絶対に不可という理由があるわけではないので、できるだけ詳しい、具体的な但し書きを書いてもらうようにしながら、やむを得ず受け取ってしまったときだけ使うことです。

但し書きは「お品代」ではなく
できるだけ詳しい内容を書いてもらう

Q25 新消費税で影響を受けた事業者は？

A **最も影響を受けたのは原則課税の課税事業者です。**軽減税率の導入により、消費税額の計算がさらに面倒なものになりました。

◆消費税の納め方は売上高で決まる

新消費税は、さまざまな場面で影響を与えますが、どんな事業者に、どんな納税義務があり、どんな影響を受けるのか、ここでおさらいしておきましょう。

消費税については、ある期間の売上高の額によって、次の3種類の事業者に分けられます。

①売上高が1000万円以下の「免税事業者」
②売上高が5000万円以下の「簡易課税」が認められる事業者
③それ以外の「原則課税」になる課税事業者

この場合の売上高とは、不動産の売買のような消費税非課税の取引を除いた税抜きの売上高で、正確には「基準期間における課税売上高」といいます。**「基準期間」とは原則として、個人事業主なら前々年、会社では前々年度**です。

ちなみに、新規開業も基準期間の売上高がないので、原則として1年めと2年めは免税になります。ただし、資本金が1000万円以上ある法人など、一定の条件を満たさない事業者は、免税事業者になりません。

◆原則課税の課税事業者は影響大

①の売上高1000万円以下で、免税が適用された事業者は、消費税の納税義務が免除されます。

そもそも納税の義務がないのですから、新消費税で受けた影響は最も小さいといえるでしょう。

次に②の売上高5000万円以下の事業者に認められる「簡易課税」とは、消費税の計算で一番面倒な、支払った消費税額を簡便法で計算してよい、という制度です。

いちいち、支払った消費税額を足し算しなくても、預かった消費税額に一定の率（下図の「みなし仕入率」）を掛けて、支払った消費税額とみなしてよいとされています。

計算が簡単なので、新消費税で受けた影響は中程度でしょう。

最後に、①と②以外の事業者は、50ページで見たような原則的な方法で消費税を計算しなければなりません。これを「原則課税」といいます。

この**原則課税の適用を受ける課税事業者が、軽減税率8%などの影響を最も大きく受けた事業者**です。

消費税の「簡易課税」とは？

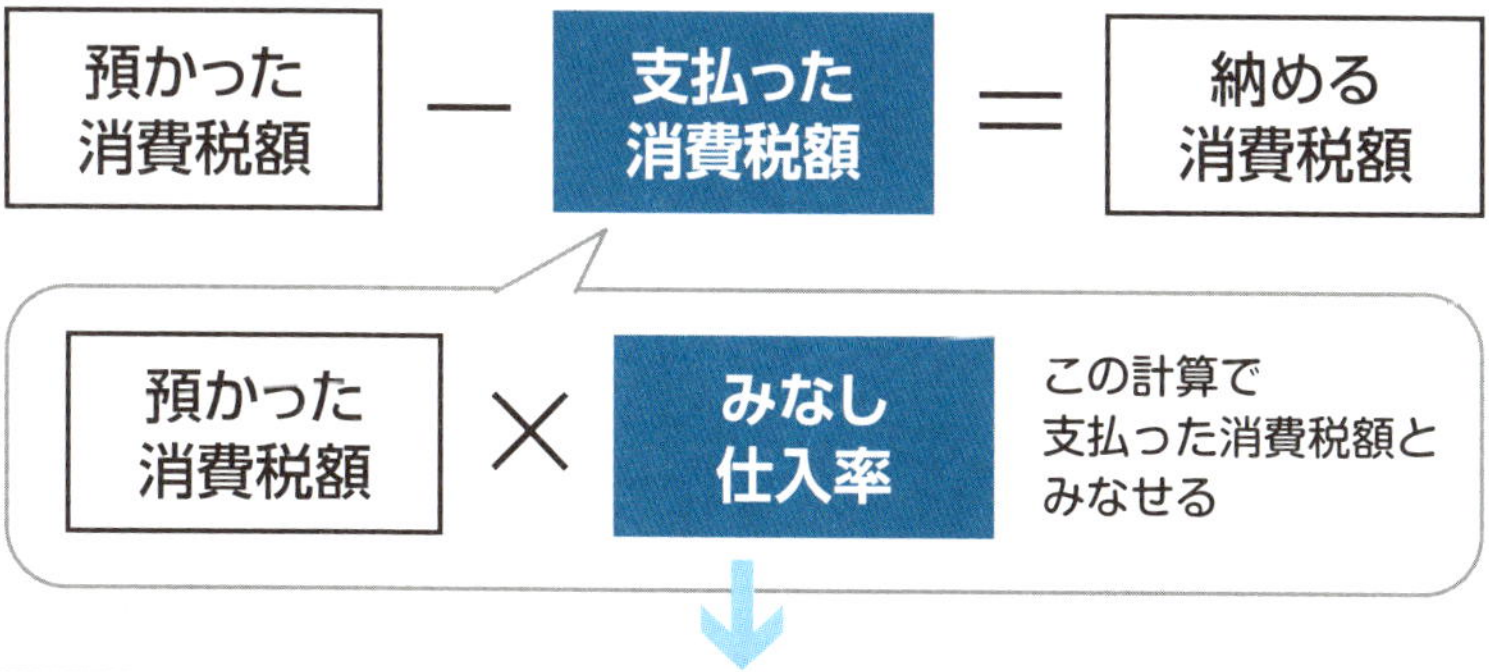

	業種区分	みなし仕入率
第１種事業	卸売業	90%
第２種事業	小売業	80%
第３種事業	製造業等	70%
第４種事業	その他の事業	60%
第５種事業	サービス業等	50%
第６種事業	不動産業	40%

Q26 なぜ売上が1000万円に近いと注意が必要か？

A 売上1000万円以下なら消費税の免税事業者だからです。納税のわずらわしさから売上を過小申告すると脱税になります。

◆免税業者を装うのは脱税行為

消費税は、前々年（年度）の売上が1000万円以下だと免税事業者となり、納税義務が免除されます。

1000万円を超えたとたんに、納税のための資金をはじめ、面倒な消費税の記帳・申告の事務負担ものしかかってきます。

そこで、なかには意図的に売上を操作して1000万円以下を装う事業者も出てきます。といっても、大きくはごまかせないので、「売上990万円」などというのが多いようです。

本人は「面倒な消費税の事務から逃げているだけで大したことじゃない」と思っているかもしれませんが、これははっきりいって「脱税行為」です。納税すべき消費税を、免税事業者を装って納めないわけですから、消費税法違反になります。

免税事業者を装うことには税務署も厳しく、怪しい事業者によく入るのが「税務調査」です。

◆売上990万円は怪しまれる

とくに「売上990万円」などというのは、怪しまれて当然。税務調査に「来てください」といっているようなものです。

もし本当に、売上が990万円だったとしても、怪しいことには変わりありません。税務調査が入ることは覚悟しておいたほうがよいでしょう。

正直に計算して990万円になってしまったのだったら、その年の帳簿と領収書は1つの間違いもないように万全を期すことです。


なかには、売上が3000万円くらいあった事業者が、990万円で申告していた例もあります。

その事業者は、所得税法違反や法人税法違反はマズいと思ったのか、税金の計算のもととなる所得の額は正直に500万円くらいで利益があるものとして申告していました。

これで所得税や法人税の納税額は変わりませんが、消費税法違反が見逃されるわけではありません。

消費税をごまかすのは、所得税や法人税と比べると、何か罪が軽い感じがするのかもしれませんが、脱税に変わりはないので注意してください。

ちなみに、脱税が発覚すると下図のようなペナルティが課されます。

脱税に課されるペナルティは？

期限内に申告しなかった	金額を少なく申告した	悪質な理由で税金逃れした
無申告加算税 ➡原則として15%または20%	**過小申告加算税** ➡原則として10%	**重加算税** ➡35%または40%

＋

延滞税
➡原則として年7.3%または14.6%

＋

本来の税額

Q27 税務調査は個人事業にも来るか？

A テレビドラマのような「強制調査」はめったにありませんが、税務署の調査官による**「任意調査」はわりとあります。**

◆脱税がなくても税務調査が入る

消費税に限らず、所得税や法人税を正しく納めているかを調べる税務調査があります。ただし、テレビドラマのように国税局査察部が、さっそうと乗り込んでくるものばかりではありません。

テレビでやっているのは「強制調査」で、国税局調査査察部――いわゆる「マルサ」が、裁判所の令状を取って行うものです。

脱税が悪質で、例えば脱税額が1億円を超えるような悪質極まりない場合などに、強制調査が入ります。

一般に行われているのは「任意調査」です。こちらは、別に脱税の疑いがなくても調査が入ります。事前に税務署から、調査に来る旨の連絡が入り、都合が悪ければ日時の変更も可能です。

ごくごく、普通の調査なのです。

所得税の医療費控除だけでも申告する人が多いので、毎年ランダムに何件か抽出されて、コンスタントに調査が入るようです。

ただし、調査を拒んだり、質問に答えないことは許されません。

任意調査では、裁判所の令状は取りませんが、調査官には「質問検査権」というものがあります。黙秘したり、ウソの申告をすると、罰則に問われる可能性もなくはありません。

税務調査が来たときに保存資料が役に立つ

実際に任意調査の対象になったら、**ていねいに対応して、正直に正確な情報を開示する**ことです。

◆保存しておいた資料が役に立つ

この税務調査で役立つのが、保存しておいた各種の資料です。

領収書の保存は当然として、自分の足どりを示すスケジュール帳や、日記・日誌などが、売上や経費の証明になります（45ページ参照）。

ボツになった企画の経費には、企画書や企画会議の記録。あとで説明する交通費には交通費精算書と、すべてが売上や経費の証明です。

税務調査が入らなければムダになるなどと考えず、**日頃から、証明になる資料や記録を残す習慣を身につけましょう**。

実際に税務調査が来たときにこれらがないと、プラスで納税する額が大きく変わります。

Q28 売上が少なければ税務調査は来ない？

A 来ない可能性は高いかもしれません。ただし、経費のバランスが極端におかしなケースなどは注意が必要でしょう。

◆経費のバランスには要注意

税務申告については、「売上が少なければ来ない。間違いを指摘しても、追徴課税できる額が小さいから」などといわれます。

また、「売上が急に大きく変動した年は来る可能性が高い」とか「顧問税理士さんを頼んでおくと入らない」といった説もよく聞かれます。

本当のところは、どうなのでしょうか。

確かに、税務署も仕事でやっているのですから、仕事の効率を考える面はあると思います。

その点では、売上が少ないと税務調査は来ない可能性が高くなることはあるかもしれません。

申告した書類は、税務署に経費のバランスなどをチェックされています。

最近は、申告したデータが電子化されていますから、「○○費の業種別平均値、経費に占める割合」なども、簡単に求められるそうです。

そこから、「接待交際費の額が異常に多い」とか「雑費の割合が異常に高い」などは、目をつけられやすいといわれています。

面倒くさがって、飲食費を何でも接待交際費に入れてしまったり、わからないものは何でも雑費に入れたりして、経費のバランスがおかしくなっているケースは、注意が必要でしょう。

税務署は経費のバランスなどを
チェックしている!

税務署は申告の何を見ているか

しかし最終的には、おそらく税務署は、その申告をした人が、どうやって暮らしているのかをイメージしているのだと思います。

売上が多くても少なくても、例えば売上と経費が同額で所得ゼロだったら、「この人はどうやってご飯を食べているのだろう」「生活費はどこから捻出しているのだろう」などと考えられます。

そこまで極端でなくても、とてもビジネスになっていないような経費の多さや、生活できないような所得の少なさなど、バランスがとれていなければ、その申告をした人の生活はイメージがしにくいでしょう。

ですから、要は**「ありのまま」に申告すること**です。売上と経費が多ければ多いなりに、少なければ少ないなりに、ありのまま申告しておけば、税務調査が入ってもきちんと説明して証明できます。

Q 29 領収書の整理・保存をしていないとどうなる？

A 税務調査が入り、領収書や帳簿を全く保存していなかったら、**税務署側の計算で課税し直される**ほか、いろいろ不利があります。

個人事業主で青色申告（次項参照）をしていると、ある日突然、青色申告の承認が取り消されます。

青色申告には、65万円の控除や今年の黒字を過去の赤字と相殺して、税金を安くできる特典がありますが、これらがすべて取り消しとなり、相殺前の税金を支払うことを要求されます。

そして、領収書や帳簿がないわけですから、「この事業主は、このくらいは所得があっただろう」と、税務署は「推計課税」ができます。

これは税務署が勝手に推計して、所得税や法人税を課税するものです。当然、自己申告よりも納税額は大きくなるでしょう。

◆青色申告が取り消されることも

領収書や帳簿の整理が悪いと、税務調査で指摘されたときにすぐ取り出せず、経費が否認（申告した内容が認められないこと）されてしまいかねません。

一方、**領収書や帳簿には、それぞれの保存期間が定められています。**

その期間は、ジャマでもきちんと保存しなければなりません。

保存期間の主なものは左図のようになっています。

それでは、もし領収書や帳簿を保存していなかったら、どうなるでしょうか。

領収書や帳簿を保存していなかった場合、まず、

◆消費税の領収書もきちんと保存

また、消費税の課税事業者で、**消費税を納税している場合は、そちらでも領収書や帳簿の保存が義務づけられています。**

まず、消費税の計算では、支払った消費税が差し引けますが（56ページ参照）、これが調査の対象になります。

領収書や帳簿の整理が悪くて、すぐに取り出せないと、その支払った消費税額は否認されます。

もし、領収書や帳簿が全く保存されていないと、支払った消費税額の全額が否認されて、莫大な消費税額を納税することになります。

領収書をはじめ、納品書、請求書などは、常日頃からきちんと整理整頓しておきましょう。

主な領収書・帳簿の保存期間

保存が必要なもの			白色申告	青色申告
個人事業	帳簿	元帳、現金出納帳など	7年	
		その他の帳簿	5年	−
	書類	決算書など	5年	原則7年
		領収書、預金通帳など		
		その他の請求書など	5年	
会社	通常		7年	
	赤字の年（2018年3月31日までに開始した事業年度の分）		9年	
	赤字の年（2018年4月1日以後に開始した事業年度の分）		10年	

※2018年4月1日以後に開始する事業年度の分は10年に延長されている

Q 30

落とせる経費が増える「青色申告」とは？

A

税務署の承認を受けて、きちんと帳簿をつけると、**税金を安くできる特典が利用できます。**所得税、法人税とも利用可です。

◆青色申告と白色申告がある

領収書の保存期間にも影響する「青色申告」とは、税金面でいろいろな特典を利用して、優遇が受けられる制度です。

消費税や法人税は、自分から申告をして納税する「申告納税」なので、それを普及するために設けられている制度です。

もともとは、青色の申告書を使用していたので、こう呼ばれていますが、現在では青色は残っていません。

しかし、法律でも青色申告という名前が使われ、正式名称になっています。青色申告でない申告は「白色申告」です。

所得税では、所得の種類のうち、事業所得、不動産所得、山林所得が生じる業務を行っている人（185ページ参照）が青色申告できます。

ただし、あらかじめ税務署に申請して、青色申告の承認を受けておくことが必要です。

◆税金を安くする特典がある

青色申告にすると、きちんと記帳することが義務になります。

「正規の簿記の原則（一般的には複式簿記）」による記帳とされていますが、個人事業主の所得税の場合は簡易帳簿でもＯＫです。

また、記帳した帳簿を保存しておくことも義務になります。

保存期間は、前項のとおりです。

そのごほうびとして受けられる特典には、下図のようなものがあります。

個人事業主では、青色申告にするだけで**所得から最高65万円が差し引ける、青色申告特別控除**が最大の魅力でしょう。

また、**30万円未満の資産が一度に経費で落とせます。**

青色申告で、白色申告より不利になる点はありません。白色申告でも記帳の義務はありますし、税務調査も来ます。

それなら、特典の多い青色申告を選んだほうがトクでしょう。

個人事業の青色申告の主なメリット

青色申告特別控除

➡税額を計算するときに控除が受けられるため、所得税や住民税が安くなる。
控除額は、簡易簿記などは 10 万円、複式簿記は 65 万円。

純損失の繰越控除

➡赤字になった年の損失を全額、翌年以降に繰り越せる。

青色事業専従者控除

➡事業を手伝う家族に支払う給与を全額経費にできる。

少額減価償却資産の特例

➡30 万円未満のものは、その年の経費として一括して計上できる。

Q 31 個人事業と会社ではどちらの経費が有利？

A

有利不利はありません。税務調査において一般の経費は、会社なら認められて、個人事業では認められないという違いはありません。

◆個人事業の経費は家事按分できる

税務調査が入って、経費と領収書が調べられたとき、一般の経費は、会社なら認められるが、個人事業では認められない、といった違いはありません。また、その逆もありません。

個人事業の場合と、会社の場合で違うのは、1つには「家事費」という考え方があるか、ないかです。

個人事業主というのは、事業を行う主体であると同時に、消費者として消費を行う主体でもあります。

ですから、個人事業主の支出には、事業のためのものと、個人的な生活のためのもの、それに両方が交じったものがあります。

事業のためのものが「事業経費」で、個人的なものが「家事費」、両方が交じったものは「家事関連費」といいます。

事業経費はぜんぶ、経費になります。

家事費はぜんぶ、経費になりません。

家事関連費は、一定の基準で経費と、そうでない分に分けます。

これが「家事按分」という個人事業主の経理上の処理です（次項参照）。

一方、会社の場合は全額経費になるか、ならないかです。

事業に必要なものなら全額経費となり、必要でなければ経費として落とせません。

例えば、自動車は、法人の場合は事業に必要なら

個人事業と会社の経費はどこが違う？

一般の経費	個人事業 会　　社	➡ とくに違いはない
家事関連費	個人事業	➡ 家事按分できる
	会　　社	➡ 家事関連費はない。全部経費か経費でないか
事業主の給料	個人事業	➡ 経費で落とせない
	会　　社	➡ 一定の条件で全部経費

1人社長の給料は一定の条件を満たせば全部経費。その点では会社の経費のほうがトクといえる

全額経費ですが、個人事業の場合は家事按分することになります。

◆1人社長の給料は経費で落とせる

もう1つの違いは、**事業主の給料の扱い**です。

個人事業主には、「給料」という考え方がありません。個人事業には、給料賃金という経費がありますが、これは雇った人のためのものです。

会社になっていると、このようなことはありません。1人社長の給料は「役員報酬」ですが、臨時だったり過大だったりしなければ経費で落とせます。その分、会社の所得は少なくなるわけです（社長個人の給与所得になるので所得税はかかります）。

個人事業より、会社にしたほうが税金面でトクといわれる理由の1つがこれです。

その点では、会社の経費のほうが有利といえるかもしれません。

Q32 個人事業主の経費の味方、「家事按分」とは?

A プライベートな費用である家事分を除外し、事業の経費だけを計上します。家事分の割合をどのくらいにするかがポイントです。

◆事業の経費だけを計上する手続き

例えば自宅兼事務所の場合、事務所の分の家賃は経費で落とせますが、自宅の分の家賃は経費にできません。

このように、事業の経費と、プライベートな費用が入り交じっているとき、プライベートな費用の分を「家事分」といいます。

そして、入り交じった費用からプライベートな費用を取り除くときは、帳簿に「家事分を除外」と書きます。

このように、**家事分を除外して、事業の経費だけを計上する帳簿上の手続きが「家事按分」です。**

家事分の代表的なものは自宅兼事務所の家賃ですが、家賃だけでなく、電気・ガス・水道など水道光熱費にも含められます。

たいていの場合、固定電話やインターネットの回線、スマホも事業専用のものを持っていないでしょう。

これらにはすべて経費が含まれているので、家事按分の計算をしっかりして、もれなく経費を計上しましょう。

◆家事按分割合の合理的な決め方は?

家事分の計算――家事按分は、そのつどか、確定申告書をつくる決算のときに行います。

いずれにしても、いったんは家事分を含む全額を

個人事業主の「家事按分」とは何をする？

●自宅兼事務所の家賃の場合

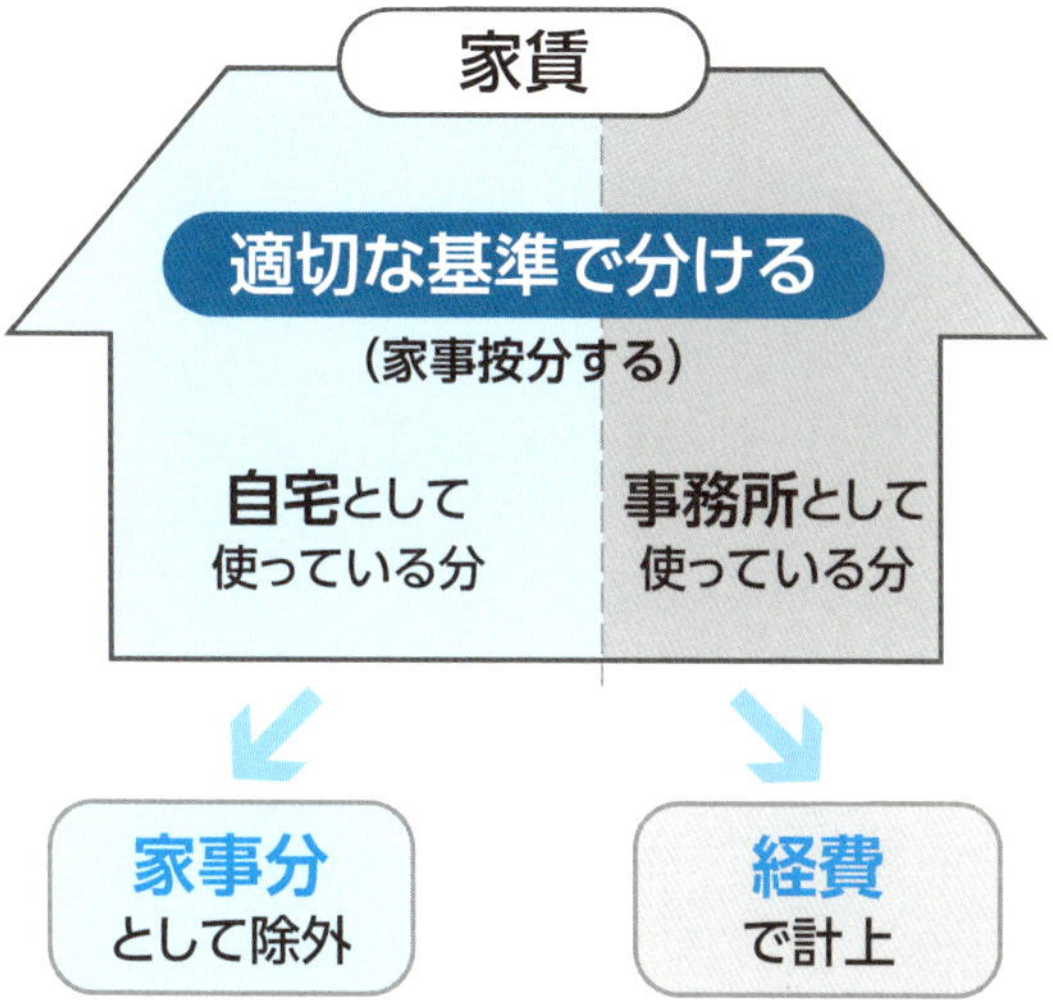

経費の帳簿に記録することが必要です。

では、どれだけの割合を家事分として家事按分すればいいのでしょうか。

家事按分の割合については、合理的な根拠が必要とされています。つまり、**面積や時間など、数字であらわされるものを基準にする**ということです。

例えば通信費なら、使用時間を基準にすることが考えられます。

ネット関係の仕事をしている人なら、インターネットに接続している時間の95％は仕事をしている、だからインターネット接続料の95％は経費で、5％を家事分として除外、といった具合です。

要は、合理的な根拠になる客観的基準を見つけて、自分のケースにあてはめることです。仕事に使われている分をきちんと分けている合理的な「ストーリー」があることが大切になります（80ページ参照）。

Q33 奥さんに払う給料は経費で落とせる？

A 奥さんの給料は、個人事業の場合、白色申告なら経費で落とせませんが、**青色申告なら実質経費とみなされます。**

◆個人事業主は専従者控除か給与

経費を使うのは、事業主や社長だけとは限りません。奥さんが一緒に働いていれば、奥さんもいろいろな経費を使うはずです。

奥さんが使った交通費なども、落とせるか落とせないかは、これまで見てきた事業主の場合と同じです。事業で使われるものは落とせるし、そうでない領収書は落とせません。

問題は、奥さんに払う給料を経費で落とせるか、です。

まず、個人事業で白色申告の場合、奥さんの給料は経費で落とせません。

その代わり、**「事業専従者控除」というものが認められ、所得が減ります**。ただし、配偶者で年86万円か、事業所得の額を専従者の数＋1で割った額の、どちらか低い金額が上限になります。

次に、**個人事業で青色申告の場合も、奥さんの給料を「給料賃金」の欄に書き込むことはできません**。

しかし、青色申告の特典で、**「青色申告事業専従者」として届け出たうえで「専従者給与」の欄で差し引けます**。

実質的に経費とみなされるわけで、この特例の利用を検討しない手はありません。

◆会社は従業員給与か役員報酬

会社になっている場合、奥さんの給料は「従業員

給与」として支払うことになります。

この場合は、本当に労働の対価なのか、厳しくチェックされるでしょう。

おそらく、事業専従者と同程度の労働実態が求められるはずです。

もちろん、不当に高額であれば否認されます。

一方、奥さんを役員にしている場合は「役員報酬」です。

役員報酬では、あまり労働実態は求められません。労働の対価というよりも、業務の遂行性に寄与しているかということが求められます。

ただし、役員報酬には経費で落とせる要件があり、事前の届け出がない臨時の支給や、定期的で定額でないものなどは認められません。

また、株主総会の議事録などの作成も必要になります。

奥さんの給料は経費と認められるか？

個人事業で、白色申告なら…

➡経費とは認められないが、「事業専従者控除」が受けられるので、**所得が減って、税金も減る**

個人事業で、青色申告なら…

➡「青色事業専従者給与」の要件を満たせば、**実質的に経費と認められる**

会社で、従業員なら…

➡「従業員給与」として、**経費と認められる**

会社で、役員なら…

➡「役員報酬」として、一定の要件を満たせば**経費と認められる**

Q34 妻と打ち合わせした際の食事代は経費で落とせる？

A **個人事業は不可、会社は常識的な範囲以内であれば、ある程度認められます。**3時のおやつはどちらも不可です。

◆個人事業か会社かで異なる

個人事業主や1人社長のなかには、奥さんが一緒に働いているケースも多いでしょう。

一緒に働いている以上、ときには打ち合わせも必要になります。

それが食事時だったら、食事をしながらの打ち合わせは認められるでしょうか。

通常、打ち合わせの際に出す茶菓や食事は、会議費として経費に落とせます。

この場合の問題は、取引先などではない、奥さんと2人の食事が会議費で落とせるかということです。

個人事業主の場合は、不可です。

個人事業主で、奥さんが一緒に働いていると「事業専従者」ということになります。

そして、個人事業主には「家事費」――事業経費ではない、プライベートの支出という考え方があるので、事業専従者との食事は家事費でしょう、ということになります。

一方、会社だと、家事費という考え方はありません。

ですから、**会社なら役員の奥さんとの食事であっても経費になります**。会議費で落とせるわけです。議事録のような日付がきちんと入ったドキュメントがあれば裏付けも万全です。

ただし、回数と程度の問題はあります。毎週金曜の夜に、少し高級なお店で奥さんと2人食事をして、これは打ち合わせですと主張しても、それはムリというものでしょう。

◆3時のおやつは経費で落とせない

では、3時のおやつはどうでしょう？

毎日、午後3時には一緒に働いている奥さんとひと息ついて、コンビニでコーヒーとロールケーキか何かを買い、休憩しているという場合です。

これは**個人事業主、1人社長ともに不可です**。

3時のおやつは、経費としては「福利厚生費」（99ページ参照）になりますが、個人事業主や1人社長には、こういった福利厚生費は認められません。

ひんぱんに来客があり、そのつどお菓子を出すようなケースなら、経費として認められるでしょう。

もちろん、お客様と一緒に食べる分になります。

奥さんと2人での飲食代の扱いは？

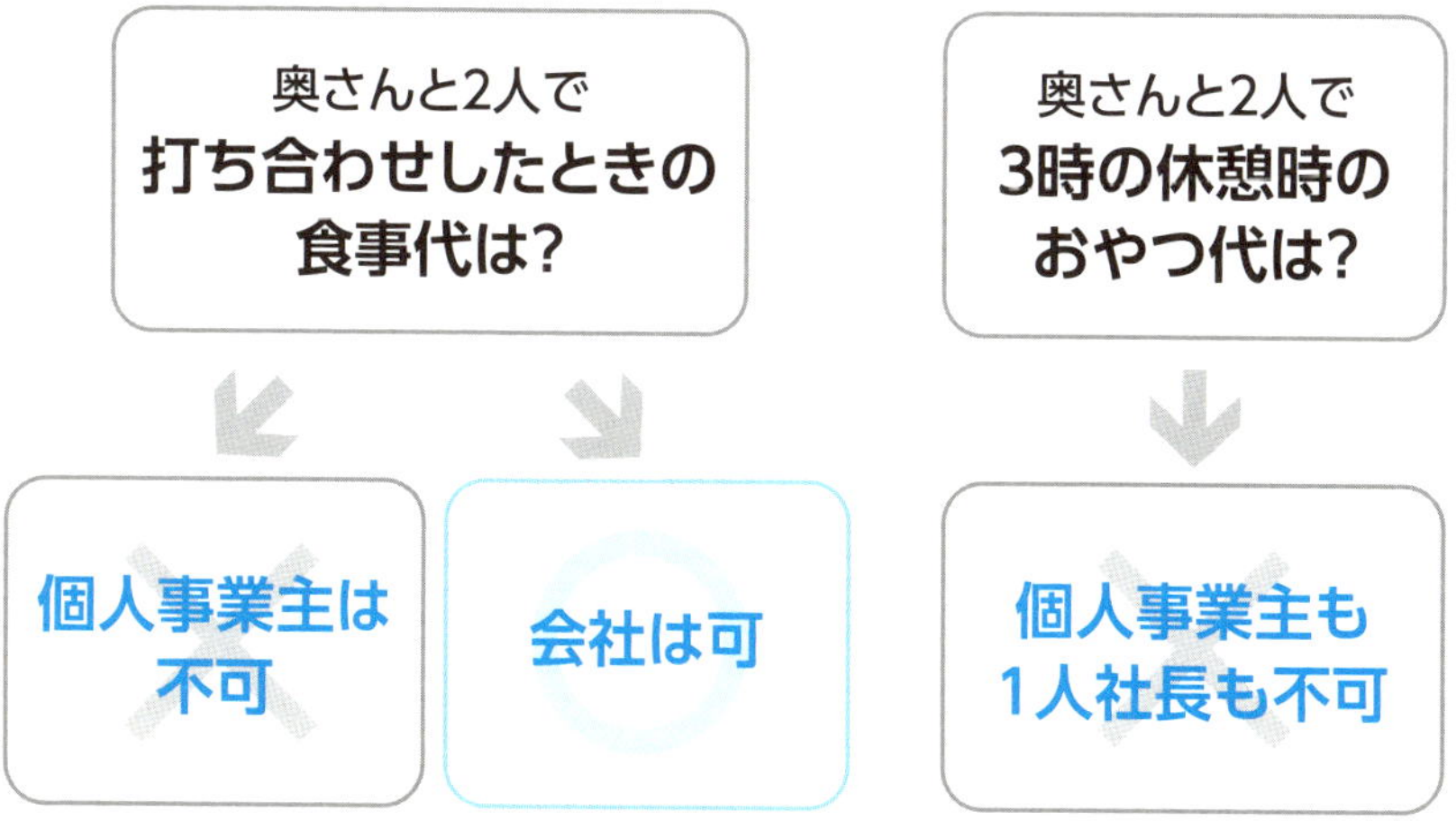
奥さんと2人で
打ち合わせしたときの
食事代は？
個人事業主は
不可
会社は可
奥さんと2人で
3時の休憩時の
おやつ代は？
個人事業主も
1人社長も不可

Q35 経費で落とす最大のポイントは何？

A 誰かが経費で落としたとか、前の税務調査で大丈夫だったではなく、**領収書に「ストーリー」が見えるか、残せるかです。**

◆その支出に「ストーリー」があるか

結局のところ、領収書を経費で落とす、最大のポイントは何なのでしょうか。

例えば、どこかの誰かが同じ経費を、以前に落としていた実績がある、というのはどうでしょう。

これは根拠になりません。その人の仕事の内容や、それを支出したときの状況が、これから落とそうとする経費と同じとは限らないからです。

では、同じ経費の支出が、以前あった税務調査で大丈夫だったというのはどうでしょう。

これもダメです。以前の税務調査では、その支出を見ていなかった可能性があります。

総論としていうと、経費で落とせるかどうかは、**その支出に「ストーリー」があるか、そのストーリーが残せるか**にかかっています。

その経費を支出した理由が、自分の事業で収入を得るためだったというストーリー、事業活動で必要だったというストーリーです。

◆ストーリーを成立させる証拠を残す

例えば、カメラマンで個人事業主のHさんが、写真集の中に入れるオーロラの写真を撮りたくて、極北地方に行ったとしましょう。

しかし相手はオーロラですから、1週間の滞在期間には思うような写真が撮れず、帰国しました。

経費で落とせるかどうかは
その支出に「ストーリー」があるかがカギ

その後、確定申告の時期がきて、Hさんはその飛行機代や現地での宿泊費を経費に計上しました。

そこで税務調査が入ったとしたら、どうしたらいいでしょうか。

Hさんは、正直に説明すればよいのです。

そうすれば調査官は、オーロラの写真を撮りに行ったが、撮れなかったというストーリーが見えてきます。

さらに、事前に出版社とした写真集の打ち合わせの記録や、その期間のスケジュール帳、現地で毎晩撮ったオーロラのない夜空や、現地の人々の写真などがあれば、ストーリーも残せています。

このようにしてストーリーが成立した支出が、経費で落とせるのです。

Q36 近々、インボイス制度が始まると聞いたが？

A 「適格請求書等保存方式」が導入されて登録番号の記載が必要になります。**新方式は2023年秋からスタートします。**

◆適格請求書には登録番号が必要

2023年10月から、2019年10月に始まった区分記載請求書等保存方式に代わって、**「適格請求書等保存方式」が導入されます。**

名前は「区分記載」が「適格」に変わるだけですが、最も大きな変更は**「適格請求書発行事業者の登録番号」の記載が必須になる**ことです。

適格請求書（領収書）というものは、適格請求書発行事業者しか発行できないものです。

どういうことかというと、売上（正確にいえば土地の売買のような非課税の取引を除いた「課税売上」）が1000万円以上の課税事業者は、税務署に申請書を出して「私は課税事業者です」という証明をもらう必要が生じるのです。

その証明が「適格請求書発行事業者の登録番号」です。

この登録番号をもらうと、適格請求書が発行できるようになります。つまり、そこで初めて「私は課税事業者です、消費税をください」といえることになります。

逆にいうと、課税事業者でなく、登録番号をもらえないと、お客様から消費税をもらうこともできない、ということです。

この制度が始まると、それまで消費税をもらっていたフリーランスや小さな会社、個人経営のラーメン屋さんなどで、消費税をもらえなくなるところが出てくる可能性があります。

登録番号は、法人番号が割り当てられている課税事業者では「T＋法人番号」、個人事業主などでは「T＋13桁の数字」が割り当てられる予定です。

◆適格請求書の分しか差し引けない

一方で、預かった消費税額から差し引ける、**支払った消費税額は、適格請求書を保存している分だけになります。**

難しくいうと「適格請求書等の保存が仕入税額控除の要件」ということです。

つまり、**適格請求書発行事業者でない事業者が発行した請求書に、消費税額が書かれていて、それを保存していても、その分は支払った消費税額として認められないのです**（経過措置あり。88ページ参

適格請求書と納める消費税額の関係は？

保存している適格請求書に書かれた
消費税額分しか差し引けない!

預かった消費税額 − **支払った消費税額** ＝ 納める消費税額

保存しているのが適格請求書でないと
納める消費税額が大きくなる!

適格請求書等保存方式は2023年10月スタート
適格請求書発行事業者の登録申請は
2021年10月から受付開始

照）。

　すると、請求書を受け取った側は、納める消費税額が増えてしまうので、きちんと消費税を差し引くことができる適格請求書を発行できる適格請求書発行事業者が優先されることになるでしょう。

　反対に、適格請求書発行事業者でない事業者が、切り捨てられるといった事態が起こるかもしれません。

　消費税の免税事業者は、そのままでは登録番号がもらえないので、請求書への記載は不可能です。

　知らぬふりをして請求書を発行しても、すぐにバレてしまい、消費税はもらえません。今後は、これまで消費税を納めなくてよかったために得をしていた免税事業者がいなくなるということです。逆に免税事業者でいることがソンになるということです。

　なお、免税事業者でも登録を受けることができます（86ページ参照）。

◆「インボイス」とは適格請求書

　以上が適格請求書等保存方式のあらましです。一時、新聞などでニュースになった「インボイス制度」とは、この制度のことをいいます。「インボイス」がすなわち、日本語にして適格請求書です。

　制度がスタートするのは２０２３年10月からですが、適格請求書発行事業者の登録申請は、２０２１年10月から受付が始まります。

◆税率ごとの消費税額も記載

　適格請求書の記載事項としては、登録番号のほかにもう1つ、**税率ごとの消費税額が加わります**。区分記載請求書等に、この2つを加えた記載事項は左図のとおりです。

　ここでは、国税庁の資料にある適格請求書の記載事項をそのまま引用しました。請求書のひな型も、国税庁の資料をもとに作成したものです。

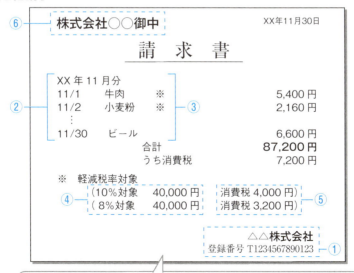

適格請求書の記載事項は？（適格請求書等保存方式による）

「適格請求書等」の記載事項

①適格請求書発行事業者の氏名又は名称及び登録番号

②取引年月日

③取引内容（軽減税率の対象品目である場合はその旨）

④税率ごとに合計した対価の額（税抜き又は税込み）及び適用税率

⑤消費税額等（端数処理は１請求書当たり、税率ごとに１回ずつ）

⑥書類の交付を受ける事業者の氏名又は名称

（国税庁ホームページより抜粋）

●適格請求書のひな型

⑥ 株式会社○○御中　　XX年11月30日

請　求　書

② XX 年 11 月分 ③

11/1	牛肉	※	5,400 円
11/2	小麦粉	※	2,160 円
⋮			
11/30	ビール		6,600 円
	合計		87,200 円
	うち消費税		7,200 円

※　軽減税率対象

④ （10％対象　40,000 円　消費税 4,000 円） ⑤
（ 8％対象　40,000 円　消費税 3,200 円）

△△株式会社
登録番号 T1234567890123 ①

現在用いられている「区分記載請求書等」と比べると、①の登録番号が増え、⑤の消費税の記載方法が変更されている

Column

免税事業者が適格請求書を出せるようになるには？

◆まず課税事業者になる

適格請求書は、適格請求書発行事業者でないと発行できません。

適格請求書発行事業者になるには、税務署に適格請求書発行事業者の登録を申請します。

適格請求書発行事業者の登録は、消費税の課税事業者でないとできません。

消費税の免税事業者が適格請求書を発行できないのは、そういうわけなのです。

しかし、免税事業者が登録を受けて、登録番号を手に入れる方法もあります。

登録は課税事業者でないとできないのですから、課税事業者になればいいのです。

それには、税務署に「消費税課税事業者選択届出書」を提出します。これは免税事業者が自分の意思で課税事業者になることを選択する届け出です。

消費税の課税事業者になると、適格請求書発行事業者の登録ができます。

そして、税務署に適格請求書発行事業者の登録を申請すると、適格請求書発行事業者になれます。

適格請求書発行事業者になると、適格請求書を発行することができるようになる、ということです。

消費税の課税事業者になったら、免税事業者のときには必要なかった、消費税の申告・納税をしなければならないことを忘れないようにしましょう。

◆免税事業者の要件とは

ところで、そもそもどのような事業者が、免税事業者とされるのでしょうか。

消費税には「基準期間」というものがあります。個人事業主なら前々年、法人なら前々年度です。

原則として、この**基準期間の課税売上高が1000万円以下の事業者が、消費税の納税義務を免除されます**（ただし特定期間の売上や人件費によっては課税事業者となる）。

ちなみに、新規開業1年めと2年めも、基準期間の売上高がないため、原則、免税事業者です。ただし、資本金などが1000万円以上ある事業者は、免除になりません。

免税事業者は、まず課税事業者となり
次に適格請求書発行事業者の登録をすれば
晴れて適格請求書を発行できる！

Column

適格請求書を発行しないと何か問題はある？

現在の請求書等は段階的に廃止

現在の区分記載請求書等から、適格請求書等への移行には、じつは「経過措置」といって、移行期間が設けられています。

左図のように、**その期間は現在の請求書等でも、支払った消費税額の一定割合を、預かった消費税額から差し引ける**、というものです。

2023年10月1日に、突然ゼロにするのではなく、徐々に新しい制度に移行しようということです。

この措置は、現在の請求書、納品書や領収書が、段階的に廃止されるようなものです。その間に、ゼロになったときのことを決めておかなければなりません。

なかには「適格請求書など発行したくない」「いまの免税事業者のままでいたい」という人がいるかもしれません。

確かに、免税事業者には預かった消費税を自分のものにできるという、いわゆる「益税」のメリットがあります。

免税事業者は、納税義務が免除ですからね。

また、面倒な消費税の計算・申告・納税の事務をしなくてすむ、というのもメリットです。

引き続き免税事業者のままでOK？

では、免税事業者のままで適格請求書（領収書）

を発行しない（できない）と、何かデメリットがあるでしょうか。

事業者によりますが、お客様が一般消費者か、消費税の免税事業者という場合は、ほとんどデメリットがないと考えられます。

例えば、商店街の八百屋さん。お客様は近隣の一般家庭と、商店街の小さな飲食店ばかり。つまり、一般消費者と消費税の免税事業者です。

このようなケースでは、免税事業者のままでも大丈夫と思われます。

というより、わざわざ適格請求書発行事業者になって、適格請求書（領収書）を発行するメリットがありません。

一般消費者や免税事業者は、適格請求書の保存などしないからです。

免税事業者からの課税仕入に係る経過措置

期間	割合
2023年10月1日から 2026年9月30日まで	仕入税額相当額の80％
2026年10月1日から 2029年9月30日まで	仕入税額相当額の50％

現在の請求書等でも
この割合は支払った
消費税として差し引ける!

Column

適格請求書になると納める消費税が増える？

◆キャバ嬢は外注扱い

今後導入される予定の、適格請求書等保存方式は、社会にいろいろな変化を起こしそうです。

とくに多いのは、国の税収が増える――逆にいえば、事業者の納める消費税が増えるケースでしょう。

例えば、キャバクラです。

キャバクラはたいてい、キャバ嬢のお姉さんの給料を、給料でなく「外注費」として払っています。

給料にすると、所得税などの源泉徴収をきちんとしなければなりませんし、人件費は非課税仕入れなので消費税も引けません。

その点、外注費なら課税仕入れ等なので、支払った消費税が差し引けます。キャバ嬢のお姉さんは、外注を請け負う個人事業主なわけですね。

◆外注費は支払った消費税が差し引ける

例えば、お店が40万円支払ったとして、その10％の4万円は、支払った消費税として引けます（正確な考え方は次項参照）。お店は、納める消費税が4万円減るのでトクをします。

キャバ嬢のお姉さんは、外注費でもらっても消費税でもらっても、同じお金なのでソンはありません。

でも、そもそもこのお姉さんは、売上1000万円を超える課税事業者なのか、という疑惑は残りますね。

そこで、適格請求書等保存方式の導入です。

このお店が、いままでどおり4万円を、支払った消費税として差し引こうとすると、適格請求書等を保存しなければなりません。

キャバ嬢のお姉さんが、適格請求書発行事業者として発行する適格請求書を、です。

そんなことは、ほぼできるわけがないでしょう。

お店は泣く泣く4万円を、支払った消費税として引くことをあきらめ、4万円多く消費税を納めることになります。キャバ嬢さんが30人いたら、月に120万円です。

これを税務当局から見ると、月に120万円、消費税の税収が増えることになります。

このようなことが、日本中のキャバクラで——というよりも、日本中のいろいろな事業者で起こるのではないでしょうか。

適格請求書により日本中のキャバクラの
納税額が増えて、国の税収が増える!?

Column

適格請求書になると支払う経費が増える？

◆「〇万円で」と頼むと経費が増える？

適格請求書になれば経費が増える、という事業者も出てくるかもしれません。

例えば、さまざまな制作物の外注で経費が増えるケースが考えられます。

制作物の料金の決め方はいろいろでしょうが、ザックリと「〇万円でお願いね」と頼むことも多いでしょう。

その場合、消費税込みになっていると、適格請求書の導入時に、経費が増えるという事態が考えられます。

例えば、1人社長のFさんが、フリーランスのプログラマーのGさんに、会社のウェブページのメンテナンスを頼んだとします。

料金の決め方は例によって、「月10万円でお願いね」です。

この場合、消費税込みの手取りが毎月10万円だったとしましょう（この際、所得税などの源泉徴収は横に置いておきます）。

Gさんはとくに問題もなく、しばらくウェブページのメンテナンスを続けました。

◆差し引ける消費税額が減る

そこに、適格請求書等保存方式が導入されました。

プログラマーのGさんは免税事業者なので、適格請求書を発行することはできません。

Ｆさんは、納める消費税が増えることを知っていましたが、「適格請求書がないから、消費税分を値下げして」とはいえないと思い、会社で負担することにしました。

ちなみに、手取り10万円の場合、９万９０９円が報酬（外注費）で、９０９１円が消費税10％です。

さて、会社の経費はどうなるでしょうか。

下図のように、これまで消費税として支払っていた分が経費——外注費になり、その分、経費が増えます。

また、支払っていた消費税（通常「仮払消費税」という科目で処理する）はゼロになり、差し引ける消費税が減って、消費税の納税額が増えるのです。

当然、前項のキャバクラでも同じことが起こります。興味のある人は自分で計算してみてください。

適格請求書の導入で経費が増える理由（Ｆ社長のケース）

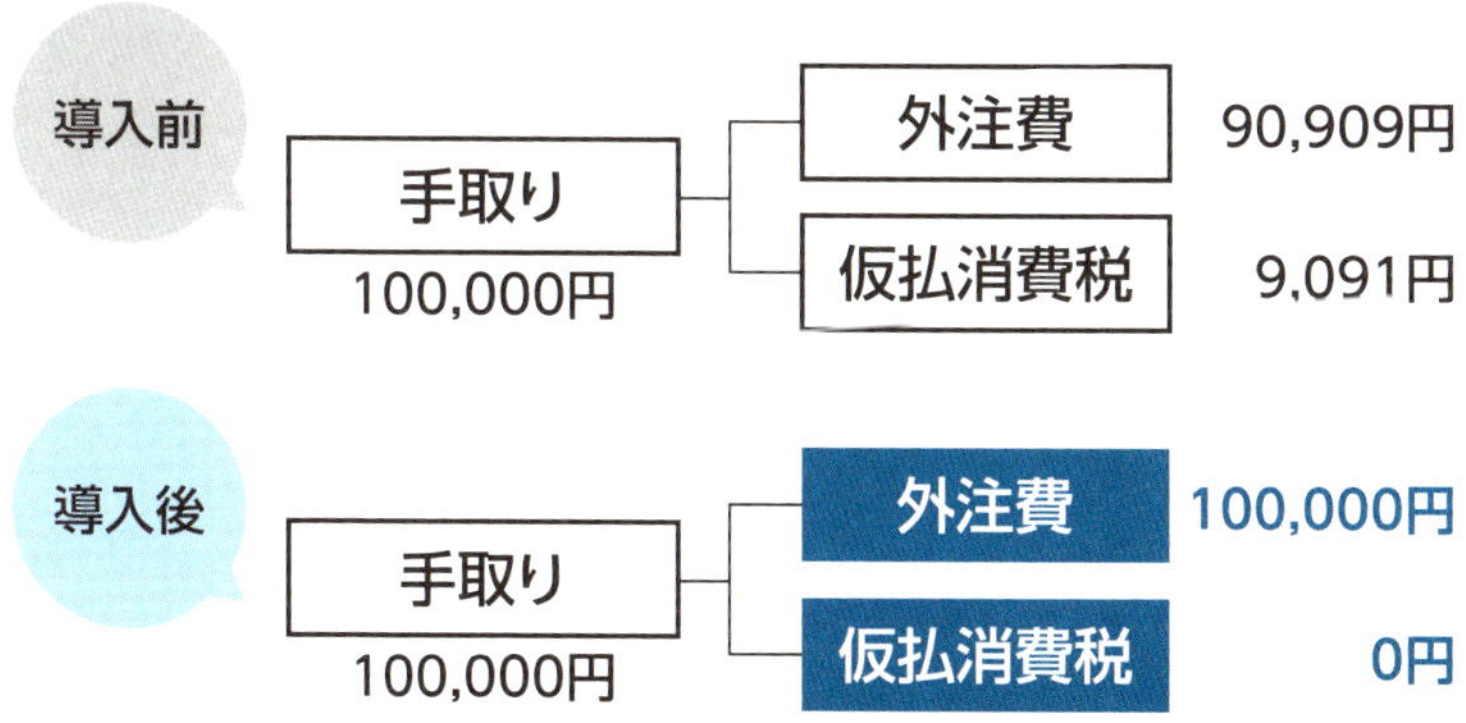

※免税事業者なので支払わないことにした

Ｆさんの会社は、経費（外注費）が増えて
支払った消費税（仮払消費税）は減ってしまう！

Column

受取人の名がないレシートは将来も有効か？

◆「適格簡易請求書」も導入される

適格請求書等保存制度では、適格請求書とともに「適格簡易請求書」というものが定められています。適格簡易請求書の記載事項は、85ページの図でいうと①から⑤です。つまり、⑥の宛名は記載不要ということになります。

これはレシートを想定したものでしょう。

適格簡易請求書では同時に、「適用税率」と「消費税額」はどちらか一方の記載でよいとしていますが、これもレシートなどの小さな紙面で煩雑になることを避けたのだと思われます。

適格請求書に代わって適格簡易請求書を発行できるのは、不特定多数に対して販売などを行う小売業、飲食店業、タクシー業などとされています。

レシートは長い間、「領収書ではない」などといわれ、実際、領収書として使えるのか不安に感じていた人も多いはずです。

税務調査などで、レシートだからという理由で否認されたことはないと思いますが、とくに宛名がない点は、領収書としての記載事項を欠くだけに、レシートのウィークポイントといえるものでした。

適格簡易請求書の定めができたことで、レシートをめぐるモヤモヤも消えていくことでしょう。

◆交付義務がない場合も定められた

適格請求書には、そもそも交付する義務がない、**領収書などの発行を免除される取引**も決められています。

下図にあげた取引ですが、身近なものをあげると、公共交通機関の乗車・乗船（3万円未満）、自動販売機による売買（3万円未満）、郵便切手を利用してポストに投函するサービス、などです。

これらも、領収書がもらえずにモヤモヤしていた人がいるはずなので、明確にしているのはよいことです。

もちろん、このようなケースでは出金伝票などによる記録は必要です（40ページ参照）。

適格請求書（領収書）がもらえなくてもいいケース

適格請求書の交付義務免除

①公共交通機関の船舶、バス、鉄道による旅客の運送（3万円未満）

②卸売市場で出荷者が行う生鮮食料品などの譲渡（一定の卸売に限る）

③農協、漁協、森林組合などに委託した農林水産物の譲渡（一定の方式によるものに限る）

④自動販売機で行う譲渡（3万円未満）

⑤郵便切手によるサービス（ポスト投函に限る）

Column

「経費」で落とせない経費

個人事業や会社の「経費」の中には、「これは経費で落とせません」という経費があります。会社の利益の計算や、普通の個人の感覚からすると「経費」なのですが、税金の計算のうえでは「経費」にならないというものです。ここでまとめておきましょう。

〈所得税、法人税、住民税など〉

これらの税金は、個人事業主や１人社長の感覚からすると、事業のために支払っている、立派な「経費」です。しかし、これらの税金は経費で落とせません。

そもそも、これらの税金の納税額は、所得の額から計算されます。それを経費として差し引くと、計算が堂々めぐりになってしまいます。

〈罰金、反則金、延滞金など〉

業務のために支払った罰金などは、経費で落とせません。例えば、業務中の運転で交通違反をして、反則金を払っても経費にはなりません。

税金を少なく申告して課される「過少申告加算税」や、納税が遅れて課される「延滞税」なども、経費で落とせません。

悪いことをした罰金などを経費として認めると、所得が減って、減った税金の分、事業者がトクをしてしまうからです。

〈使途不明金、使途秘匿金など〉

支出先と支出額はわかるが、使いみちがわからない経費が計上されることがあります。それが「使途不明金」です。例えば、取引先にリベートを渡したが、それをリベートと知られたくない場合などに計上されます。これは経費で落とせません。

さらに、支出額だけがわかって、支出先がわからないのが「使途秘匿金」です。リベートの相手も知られたくない場合などに計上されます。

使途秘匿金は、経費で落とせないうえ、金額の 40%の追徴課税が課せられます。

第2章

事務所の経費はこれだけ落とせる!

地代家賃・水道光熱費・消耗品費など

Q 37 経費を分類する「勘定科目」とは？

A 帳簿をつけるときの経費などの分類です。異常な金額の科目があるとチェックされやすくなります。

◆よく使われる勘定科目は？

消耗品費や減価償却費といった科目は、**正式には「勘定《かんじょう》科目《かもく》」といいます**。

「勘定」とは、帳簿をつけるときの分類のことで、経費などの分類を表しています。

勘定科目には、決まりはありません。わかりやすく分類し、わかりやすい名称をつければよいことになっています。

ただ、よく使われるものは決まっています。左図は、個人事業の青色申告の決算書に、あらかじめ印刷されている経費の勘定科目の例です。決算書には、これらの下に空欄があって、**自分で必要な勘定科目を追加できるようになっています**。

それは、事業の種類によって、発生する経費が違うからです。

例えば、ライターは仕事上、新聞や本をたくさん買うはずです。

もし、左図の勘定科目しかなかったら、新聞や本の経費は「雑費」に入れるしかありません。雑費は、他に分類できない経費を入れる科目です。何が入っているかは、金額からはわかりません。そこに何十万円も入っていたら、これは何だろうと不審に思われるでしょう。

そこで、「新聞図書費」などの勘定科目をつくって、新聞や本の経費はそこに入れます。すると、ライターだから新聞や本をたくさん買ったんだな、とわかるわけです。
このように**勘定科目には、よけいな誤解を受けたり、不審に思われないための役割があります。**

◆きちんと分類することが大事

ですから、**経費を適切な勘定科目に、きちんと分類することが大事**です。

分類を間違えて、例えばウェブデザイナーなのに、旅費交通費が数十万円も計上されていたりすると、この人はどういう仕事をしているんだろうと怪しまれてしまいます。

また、勘定科目を分類することは、自分の事業を見直すことにも役立ちます。通信費が高額なら、それを見直し、売上を伸ばすための広告宣伝費にまわそうなどと考えることは大切だからです。

この本を参考にして、使った経費が適切な勘定科目に入るようにしてください。

よく使われる勘定科目

（個人事業主／青色申告決算書の例）

租税公課	接待交際費	給料賃金
荷造運賃	損害保険料	外注工賃
水道光熱費	修繕費	利子割引料
旅費交通費	消耗品費	地代家賃
通信費	減価償却費	貸倒金
広告宣伝費	福利厚生費	

Q 38

個人事業主、1人社長におすすめの勘定科目は？

A 仕事に必要な本をたくさん買う人は「新聞図書費」。消耗品費を整理したい人は「事務用消耗品費」。ほかには「会議費」もおすすめです。

◆おすすめは「会議費」

個人事業の青色申告の決算書にあらかじめ印刷されている勘定科目以外に、どんな勘定科目をつくっておくとよいでしょうか。

事業の内容によっても違ってきますが、前項の例のように、**新聞や本をたくさん購入する場合は「新聞図書費」**がよいでしょう。電子書籍や資料のDVDなどもここに入れられます（142ページ参照）。

また、コピー用紙や10万円未満の資産のような**消耗品費が多くて整理したいときは「事務用消耗品費」**（121ページ参照）があるといいでしょう。

企画などが**途中でボツになるケースが多い仕事は「研究費」や「試験研究費」**もおすすめです（22ページ参照）。

そして、どなたにも**絶対おすすめしたいのが「会議費」**の勘定科目をつくることです。

会議費と聞くと、貸会議室代かと思うかもしれませんが、ここでおすすめしたいのは、会議で出すお茶やお菓子、食事などの経費で、これらも会議費で落とせるのです。

場所も、会議室や事務所に限る必要はありません。喫茶店で取引先と打ち合わせしても会議、食事どきだったらレストランで食事をしながら話をしても会議です。

そのときのコーヒー代や食事代が、会議費になり

つくっておくといい勘定科目

新聞図書費	新聞や書籍、雑誌のほかにも、統計資料や地図、資料のＤＶＤなどを入れる
事務用消耗品費	ペンやノート、コピー用紙、帳簿などの事務用品を入れる。この科目があると、比較的高額の「消耗品費」と分けることができる
試験研究費	発売に至らなかった新製品の開発費や、ボツになった企画の取材費用などを入れる
会議費	会議、打ち合わせのための飲食代をここに入れることで、本来の接待交際費と分けることができる

このほかにも事業や経費の内容に応じて
必要な勘定科目を設定することが可能

ます。

◆会議費をつくり接待交際費と分ける

こうした飲食代は、「接待交際費」（取引先など外部の接待のため）でも発生します。

そこで、会議費、接待交際費というグループで考えると、なかでも気をつけたいのが接待交際費です。**接待交際費は異常に額が多いと、税務調査の対象になりやすい**のです。

自分や家族の個人的な飲食を、接待交際費で落とそうとする事業主も、なかにはいるからです。

そこで**打ち合わせの飲食については、「会議費」の勘定科目をつくり、本来の接待交際費とは分けたほうがよい**という考え方ができます。

従業員がいる場合は、その慰労のための分を福利厚生費に分けると、本来の接待交際費だけが残り、額も妥当なものになるでしょう。

Q 39

私的な出費に見えて経費で落とせるものがある？

A

事務所や店舗などで使った費用は、ぜんぶ経費で落とせると考えていいでしょう。プライベートに見えても経費で落とせます。

◆事業を行う場所に関わる経費の扱い

個人事業主でも1人社長でも、事業をしている人は必ず、事業を行うための場所を設けているはずです。事業の種類によって、それは事務所だったり、店舗だったり、あるいは商品の倉庫という場合もあるでしょう。

それら事業専用の場所のために使った経費は、まず、ぜんぶ経費で落とせると考えていいでしょう。家賃はもちろんのこと、電気・ガス・水道、備品、事務用品――ぜんぶ経費で落とせます。

例えば冷蔵庫などは、家ではキッチンに置いてあるのでプライベートなものに思えます。しかし、事業のための来客に出す飲み物を冷やしているなら、これは経費で落ちます。

◆経費だけを適切に計上する

このように、専用の事務所、店舗、倉庫の場合は、ぜんぶ経費で落とせると考えられますが、問題は自宅兼用の事務所などの場合です。

個人事業主や1人社長のなかには、専用の事務所を構えるまでもなく、自宅兼事務所で仕事をしている方も多いでしょう。

その場合、例えば家賃にはプライベートの費用と事業の経費が入り交じることになります。

これらはきちんと分けて、事業の経費だけを取り

専用の事務所や店舗の費用はすべて経費で落ちるが
問題は自宅兼事務所などの場合…

出して計上しなければなりません。

個人事業主ではこれを、74ページで説明した「家《か》事《じ》按分《あんぶん》」という方法で解決します。

つまり、個人事業主のプライベートと、事業の経費が入り交じった費用をそれぞれの割合で2つに分け、プライベートの分を取り除いて、事業の経費だけを取り出すのが、家事按分です。

一方、会社になっていると家事按分の方法は使えません。

しかし、プライベートの分と事業の分を適切に分けて、事業の分を経費で落とす方法は考えられます。

このように、**事務所、店舗、倉庫などに関連して発生する経費は、経費にあたるものだけを適切に計上する**ことがポイントになります。

この章では、それを見ていきましょう。

Q40 自宅兼事務所の家賃はどれだけ経費にできる？

A 家事按分の割合は床面積で決めるのが合理的です。賃貸の家賃のほか、持ち家やマンションも家事按分できる経費があります。

◆床面積を基準にするのが適切

個人事業主の自宅兼事務所の家賃は、家事按分できる経費の代表的なものの1つです。

経費のなかでは金額も大きいので、しっかりと経費計上しましょう。

家賃に限らず、**自宅兼事務所に関わる家事按分は、床面積を基準にするのが適切**です。

例えば、自宅の床面積の3分の1を事務所として使っていたら、3分の1を経費――地代家賃として、残りの3分の2は家事分として除外します。

でも、自宅兼事務所で発生する経費は、家賃だけではありません。

持ち家なら固定資産税、事務所や店舗として利用するための改装費、、借地だったら地代も支払っているはずです。

これらの支出も、家賃と同じように家事按分することで経費にできる部分があります。

そのほか、マンションの管理費・共益費・更新料、それに修繕積立金なども、家事按分すれば一部は経費で落とせる支出です。

ただし、自宅が持ち家で住宅ローン控除を受けている場合、床面積の2分の1以上を住宅として使用していないと、控除の要件を満たさなくなります。控除が受けられなくなるので注意しましょう。

さらに、こんな領収書は経費になる？

Q.店舗や事務所を賃借したときに払う敷金や礼金は？

➡一般的に「敷金」は返還されるので資産として計上し、支出時に経費にはなりません。一方「礼金」は、その契約年数によって月割りに費用化していきます。

Q.火災保険料、「5年の長期一括払い」だったらその年にまとめて経費にできる？

➡できません。保険料を支払った効果が5年に及ぶので、いったん資産（前払費用）に計上し、5年に渡って費用化します。

Q.自宅兼店舗の屋根や門扉などの修繕代金は経費になる？　リフォーム費用は？

➡明らかに店舗でしか使用しない用途のための修繕や拡張工事は「修繕費」、もしくはいったん資産計上して、「減価償却費」として段階的に経費になります。一部に店舗部分が含まれる場合には、相当する金額を経費とします。

Q.事務所のカギを交換したら経費になる？

➡なります。科目は「消耗品費」です。

Q.同一生計の親や妻・家族へ地代を支払った場合は？

➡会社の場合は適正な賃料で「地代家賃」となります。個人事業主の場合、経費にはできません。

Q.シェアオフィスやバーチャルオフィスの賃料・利用料は経費になる？

➡なります。１つの店舗や事務所を借りるのと同じ考え方で、経費にできます。科目は「地代家賃」です。

Q.自宅兼事務所の庭木の剪定を頼んだ場合の料金は？

➡事務所に面している庭木の部分のみ経費となるでしょう。科目は「修繕費」です。

Q41 1人社長が自宅兼事務所の家賃を経費で落とすには？

A 会社が社長個人から事務所を借りて賃借料（家賃）を支払います。ただしいくつか注意点があります。

◆会社が社長に家賃を支払う

自宅兼事務所の事務所部分を、会社の経費で落とすには、会社という法人と社長個人が別物であることを活かします。

つまり、会社という法人は、社長個人から事務所を借りるわけですから、**賃借料――事務所の家賃を社長個人に支払う**のです。

会社が支払った家賃は、「地代家賃」の科目で経費に落とせます。

この方法で経費に落とすには、いくつか次のような注意点があります。

①会社と社長個人で契約書を交わす

通常の事務所の賃貸借と同じ契約書をつくって、事務所部分を賃貸借している証明にします。

契約書の甲乙は、会社と社長個人です。

②金額は合理的な基準で決める

借家の場合は、自宅の家賃に家事按分と同じ考え方の割合を掛けて、事務所の家賃とすればよいでしょう。

持ち家の場合は、近隣の家賃相場などを調べて合理的な金額を求めます。

③実際に家賃を支払う

帳簿のうえだけで支払うのでなく、実際にお金を移動させます。

事業用の預金口座から、社長個人の口座に振り込むと、通帳に記録も残ってベストです。

◆社長個人の税金にも注意

もう1つの注意点は、社長個人の所得税に関することです。

自宅が借家だった場合は、社長が支払う家賃と、会社からの家賃収入が相殺されれば問題はありません。

しかし、**持ち家だった場合、社長個人に不動産所得が発生して、社長は会社からの給与所得と合わせて確定申告をしなければなりません。**

家賃の額によっては、所得税などが大幅に増えることになり、会社の法人税とトータルで、節税にならないこともあります。

ですから、この方法を採用するときは、あらかじめ税金の試算をしておくことをおすすめします。

会社が社長個人から事務所部分を借りれば
その家賃は経費で落とせる

Q42 電気、水道、ガス代はどれだけ経費にできる?

A **業務に使用する頻度により異なります。**それぞれ見合った程度の割合で忘れずに経費にしましょう。

◆電気代は経費の割合が高めでもOK

ひと口に水道光熱費といっても、**電気と、水道・ガスでは、業務に使用する程度がかなり違います。**

まず電気は、照明やエアコン、パソコンとその周辺機器など、業務に不可欠で、使用する程度も高いはずです。

業務の内容によってはパソコンを何台も稼働させるなどして、大量の電気を使うこともあるでしょう。その場合は当然、経費の割合を高くしていいはずです。

それに対して、水道とガスは業務中にあまり使用しません。でも、まったく使わないともいえないでしょう。

トイレに行って水も流すし、手も洗います。来客の際にお湯を沸かして、お茶をいれることもあることでしょう。

それに見合った程度の割合であれば、経費に計上することができます。

ちなみに、トイレットペーパーやティッシュペーパーも経費で落とせます。

ティッシュペーパーは、事務所用を自宅用と別に購入すれば、「消耗品費」の科目の経費です。トイレットペーパーは分けられないので、水道代などと同じ考え方で家事按分します。

◆社長個人から会社に請求書を発行

経費を計上する方法は、個人事業主の場合、家事按分です。

電気・水道・ガス代は、検針などの際に領収書が発行されるので、その額から計算します。

後払いなので、実際に使用した月と期間がずれますが、申告の時点で12ヵ月分がきちんとそろっていれば大丈夫です。

重要性の低いものに対しては、手間のかからない簡便法が認められているため、支払った月の経費として計上できます。

一方、会社の場合は家事按分ができません。

家賃と違って毎月定額ではないので、**社長個人から毎月、会社宛てに請求書を発行する**とよいでしょう。

代金は実際に、会社の口座から振り込んでおくと、通帳に記録も残ってベストです。

水道光熱費を経費で落とすには？

電気代　上下水道代　ガス代

- それぞれ事業で使用する程度に応じて経費の割合を変える
- 電気代は事業の内容によって経費の割合を高めにしてもいい場合がある

個人事業の場合	家事按分して経費にする
会社の場合	社長個人から会社宛てに請求書を発行する

Q43 電話・インターネット代はどれだけ経費にできる？

A **自宅兼事務所でも家事按分して経費で落とせます。**スマホの通信料も同様にOK。NHK受信料なども経費にできます。

◆事業専用なら全額経費に

固定電話の電話代・インターネット関連料金・スマホの通信料金などは「通信費」の科目に分類される経費です。

自宅兼事務所でも、自宅用のものと事業用のものを分けておけば、**事業用は全額を経費で落とせます**。しかし、専用にするとお金がかかるので、自宅用と兼用で使用している方が多いでしょう。

兼用している場合は、水道光熱費などと同じ考え方で家事按分ができます。

電話代・インターネット関連料金・スマホの通信料金は、それぞれ事業に使用する程度に応じて、経費の割合を変えましょう。

最近は、仕事上の連絡や調査をインターネットで行うことが多くなっているので、**インターネット料金は経費の割合が高くなる傾向**です。

プロバイダーと回線料金が別の場合は、別々に家事按分します。ただし按分割合は同じです。

事務所の経費ではありませんが、スマホの通信料金も、プライベートと分けていない場合は、家事按分が必要になる通信費です。

◆NHK受信料も経費に

NHK受信料や、ケーブルテレビの料金、BS・CSの衛星放送料金なども、通信費として落とせる経費です。

通信費を経費で落とすには？

電話代 / インターネット回線料金、プロバイダー料金 / スマートフォン通信料金

- ●それぞれ事業で使用する程度に応じて経費の割合を決める
- ●インターネット関連の料金は一般的に経費の割合が高くなる傾向がある

事業専用の場合	全額を経費で落とせる
個人事業で自宅兼事務所の場合	家事按分して経費にする
会社で自宅兼事務所の場合	社長個人から会社宛てに請求書を発行する

事務所のスペースにテレビが設置されている場合は、全額を経費にできます。

光回線を利用して、地上波や、BS・CSの衛星放送などが見られるサービスもありますが、その場合の料金も同様です。

会社の場合は、社長個人から会社宛てに請求書を発行して、会社の口座から社長個人の口座に振り込みましょう。

件数が多くなると、振込手数料も気になりますが、インターネットバンキングで同じ銀行の同じ支店の口座間なら、手数料無料の場合もあります。

このほか、件数が多くなければ、宅配便の料金なども通信費にできます。その場合は、事業に使った分だけを全額、経費で落とします。

ネット通販の仕事などで、宅配便の件数が多いときは、「荷造運賃」の科目に分類するほうが適切です。

Q 44

自動引き落としの料金は領収書代わりに通帳でOK？

A

電気・水道・ガスなどは問題にならないケースが多いでしょう。電話は少し無理があります。スマホの料金は絶対にチェックされます。

◆電話やスマホの料金には要注意

水道光熱費や通信費の料金は、毎月の支払いになるものが多いので、銀行などの自動引落しにしていることも多いでしょう。

自動引落しでも、電気・水道・ガス代は領収書が手に入りますが、電話・インターネット関連・スマホ料金などは、そのままでは領収書が手に入らないことがあります。

その場合、料金の支払いを証明するものは預金口座の通帳だけになりますが、そのコピーをとって領収書の代わりにすることはできるのでしょうか？

電気・水道・ガス代などの引き落としは、とくに問題にならないケースが多いでしょう。

しかし、**電話代は少し問題があります**。

というのは、最近の電話会社は、電話やインターネット、テレビなどをセットにして、ユーザーに提供しているからです。

同じ通信費だといっても、ぜんぶまとめて電話代とするのは無理があります。

面倒でも、**ホームページなどで明細をとり、分けて計上しましょう。明細のプリントアウトが、領収書の代わりになります**。

さらに、スマホの料金となると、もっと問題です。

最近のスマホ料金には、お財布ケータイや、ときには通信ゲームの課金まで入っています。
こうした課金は、税務調査で見つかったら全否認(全額が経費と認められない)です。
これも明細をとって、プライベートで使った分の課金はきちんと除いておきましょう。

◆セット料金は明細をとる

そのほか、電力自由化により、ガス会社が電気代をセットにしている場合もあります。
これも明細をとって、電気代とガス代を分けることが必要です。

さらに電話会社が、電話代とインターネット料金、電気代をセットにしているケースまであります。
これなどは、水道光熱費と通信費にまたがる経費になってしまうので、必ず明細をとって、分けておかなければなりません。

自動引き落としで、預金通帳のコピーが領収書の代わりになるものは？

引き落とし	可否	問題点
電気代	△	ガス代とセットになっている場合は分ける
上下水道代	○	
ガス代	△	電気代とセットになっている場合は分ける
電話代	×	インターネットやテレビとセットの場合は分ける
インターネット関連料金	△	電話とセットは分ける。プロバイダー料金だけなら可
スマホ料金	×	お財布ケータイやゲームの課金は除く

Q45 掃除機や洗濯機、冷蔵庫は経費で落とせる？

A **事業に使用している家電なら全額経費で落とせます。**自宅で使っている家電を事業にも使っている場合は家事按分が原則です。

◆事業に使用していれば全額経費

掃除機や洗濯機、冷蔵庫など、日常生活で使う家電――いわゆる生活家電は、一見、事業には関係なさそうに思えますが、これらを購入したときの領収書は経費で落ちるのでしょうか。

生活家電であっても、業務に使用している事務所などに設置して、業務に使用しているものは全額、経費で落とせます。

例えば、事務所を掃除するための掃除機や、作業着を洗うための洗濯機、来客に出す麦茶を冷やすための冷蔵庫などです。

科目は、10万円未満なら「消耗品費」になります。

それ以上に**高額なものは、資産として「減価償却費」の計上が必要です**（122ページ参照）。

◆自宅と兼用のものは家事按分する

また、**自宅と事務所の両方で使用するために購入したものは、家事按分するのが原則**です。

例えば冷蔵庫なら、ほとんどは家族のもので使って、来客用の麦茶は1割くらいのものでしょう。

コーヒーメーカーは、事務所スペースに設置すれば、来客用として全額、経費です。

しかし、自宅のキッチンに設置すると、来客に出しているコーヒーの割合、例えば1割程度しか経費にできません。

エアコンは、事務所に使用している部屋に設置すれば全額、経費で落とせますが、居間に設置したものは全額、経費になりません。

さらに、調理家電の電子レンジや、健康家電のマッサージ・チェアとなると少し微妙になってきます。

来客のためにこれを使用するとは、考えにくいでしょう。

これらは、雇用している従業員がいて、その福利厚生のために使用する場合のみ、経費になると考えてください。

科目は「福利厚生費」です。

個人事業主自身やその専従者、1人社長には、福利厚生費が認められません。

従業員がいない場合は、経費で落とせないことになります。

事業に使用しているなら
生活家電も経費で落ちる

Q46

机などのオフィス用品やコピー機は経費で落ちる？

A

ほとんど落とせます。一括で経費になるものが多いですが、金額や代金の支払い方でも科目が変わるので注意しましょう。

◆高額のものは減価償却費になる

生活家電以外の備品は、経費で落ちるでしょうか。仕事机やイス、キャビネットなど、いわゆる**オフィス用品は「消耗品費」の科目で経費で落とせます**。

ただし、価格が10万円以上の**高額なオフィス用品は、消耗品ではなく資産です**。資産になると、一度に経費で落とすことはできず、毎年、少しずつ経費で落とすことになります。

つまり、減価償却の手続きが必要になります。科目も消耗品費ではなく「減価償却費」になります。青色申告なら、一度に30万円未満を落とすことも可能です（122ページ参照）。

また、パソコンやコピー機などの、いわゆるＯＡ機器も、10万円未満なら消耗品費、それ以上は資産として減価償却をすることになります。

しかし、コピー機などは購入せず、リースで借りていることもあるでしょう。

リースの場合、科目は消耗品費でなく「リース料」または「賃借料」とします。リース料は全額、経費で落とせます。

仮に、買えば30万円以上する高額のものでも、リースにすれば、リース料は全額を経費で落とせるわけです。

資産に計上して、毎年、減価償却をするという面倒もなくなるので便利です。

◆マイルやポイントを使ったら？

このように、同じオフィス用品やＯＡ機器でも、**金額や支払い方で科目が変わる**ので注意しましょう。

まとめてみると、まず、購入価格が10万円未満のものが消耗品費です。

それ以上のものは資産として、減価償却費で落とすことになります。

しかし30万円以上でも、リースにしていると科目はリース料になります。

ところで、マイルやポイントを使って購入した場合はどうなるでしょう？

この購入のしかただと、費用負担がないものとして取り扱われます。

つまり、**もらったに等しいわけですから、経費では落とせない**、と考えてください。

さらに、こんな領収書は経費になる？

Q.携帯音楽プレーヤーは経費で落とせる？

➡音楽プレーヤーでも業務のための移動中、情報の取得や確認などのためにプレーヤーを使用する場合があるでしょう。その場合は「消耗品費」として経費になります。

Q.事務所用に買ったスリッパは経費になる？

➡事務所内だけで使用するなら経費になります。家庭内と兼用はダメです。科目は「消耗品費」になります。

Q.店舗や事務所に置く観葉植物は経費で落とせる？

➡落とせます。購入した場合は「消耗品費」、定期的に交換してくれるサービスを利用した場合は「リース料」または「賃借料」です。

Q.業務用玄関マットは経費で落とせる？

➡店舗や事務所の玄関に置くなら経費で落とせます。購入した場合は「消耗品費」、定期的に交換してくれるサービスを利用した場合は「リース料」または「賃借料」です。

Q47 パソコンやソフト、周辺機器の扱いは？

A 家事按分が不要なものは全額経費になります。高額のものは「減価償却費」、リースは「リース料」などです。

◆パソコンの科目は買い方次第

事務所ではパソコンも必需品ですから、経費で落とせます。ただし、プライベートで使うなら家事按分が必要になります。

事業用に購入したパソコンは、普通は「消耗品費」として経費で落とします。

パソコンが消耗品というのは、少し違和感がありますが、これは、「資産に計上して減価償却をするもの以外が消耗品」だと割り切ってください。

つまり、**購入価格で10万円未満のパソコンが消耗品、それ以上が資産**ということです。リースで借りているときは「リース料」になります。

パソコンの場合、価格はセットで判断されます。例えば、デスクトップ型で本体、ディスプレイ、キーボード、マウスなどのセットで購入した価格が10万円未満であれば消耗品費になり、それ以上に高額だと減価償却が必要になります。青色申告なら、30万円未満まで、一度に落とすことが可能です（122ページ参照）。

しばらく時間がたって、ディスプレイだけ大きいサイズのものに買い換えたという場合は、ディスプレイ単体の価格で判断して大丈夫です。

またパソコンの周辺機器――キーボードやマウスを買い換えた場合も、同様に考えられます。

プリンターやスキャナー、ハードディスクやUSBメモリーを買い足したときも同じように、消耗品

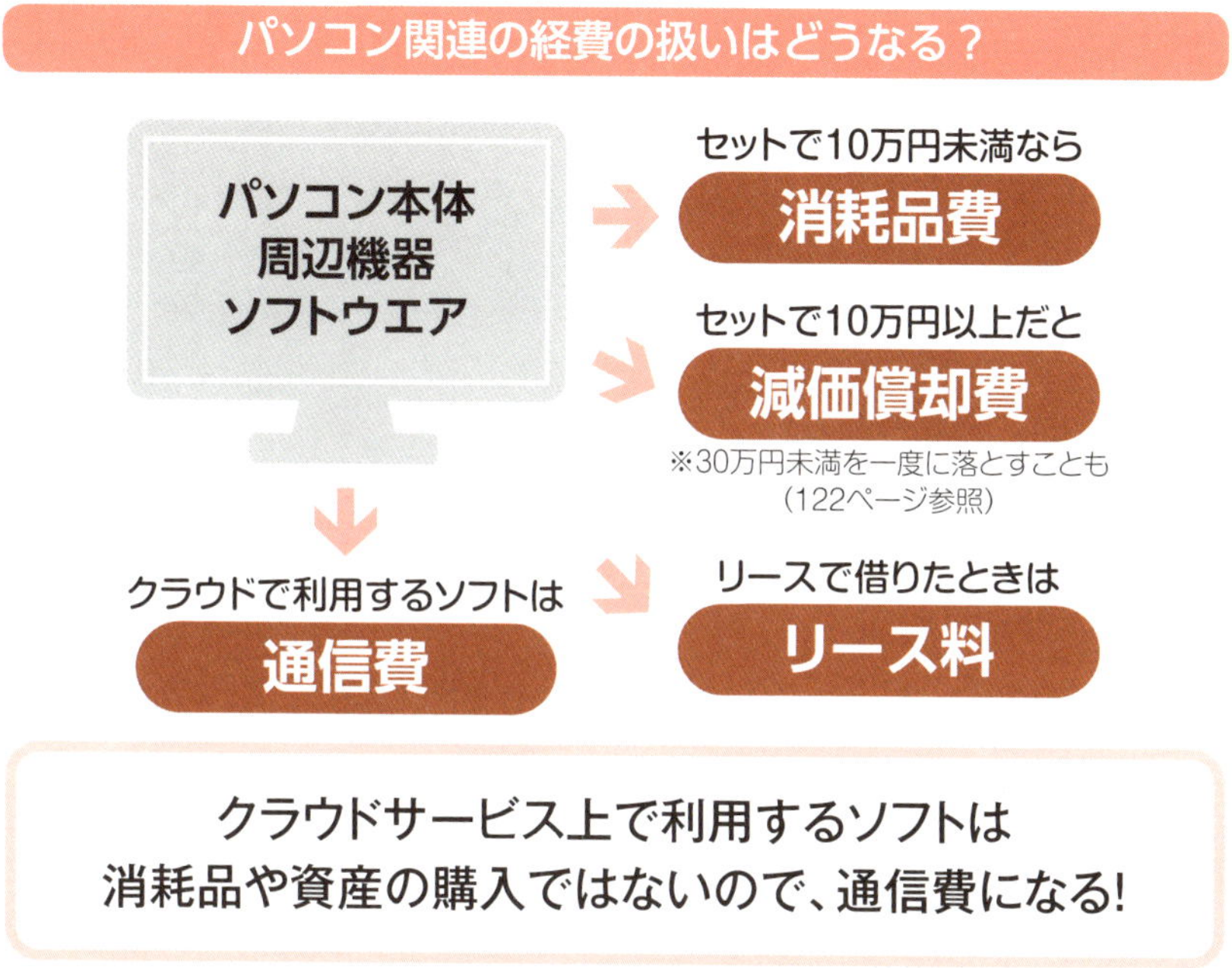
パソコン関連の経費の扱いはどうなる？
パソコン本体
周辺機器
ソフトウエア
セットで10万円未満なら
消耗品費
セットで10万円以上だと
減価償却費
※30万円未満を一度に落とすことも（122ページ参照）
クラウドで利用するソフトは
通信費
リースで借りたときは
リース料
クラウドサービス上で利用するソフトは
消耗品や資産の購入ではないので、通信費になる！

費か減価償却費です。

◆ソフトは通信費になる場合がある

意外に思うかもしれませんが、パソコンのソフトも同様に判断します。

あらかじめインストールされていた場合は、本体などとセットでの判断です。

オフィスソフトなどは普通、消耗品費ですが、グラフィックデザインやCADなど、高額のソフトになると減価償却費になります。

ところで最近は、クラウドサービス上で利用するソフトもありますね。たいていは月に数百円～数千円程度の利用料ですが、これは消耗品費でしょうか。リース料でしょうか。

クラウドサービスでソフトを利用した場合は、通信費とします。

クラウドサービスでは、消耗品や、資産になるものを購入したわけではないからです。

Q48 ガムテープや事務用品の扱いはどうなる？

A **経費になります。**科目は「消耗品費」です。プライベートで使うなら家事按分が必要です。

◆トイレットペーパーも消耗品費

業務上に必要で何かを送るために、ガムテープやひも、箱、梱包材などを買った場合、これらは通常「消耗品費」として経費で落とします。

しかし、通販の仕事などで大量に使用する場合は、むしろ「荷造運賃」の科目に入れたほうが好ましいでしょう。

消耗品費としても、税務申告のうえでは何の問題もありませんが、通販の仕事で商品を発送するために、どれくらいの経費がかかっているかが、自分でわかるからです。

消耗品費は、いろいろな経費を入れることができる科目です。

もし、トイレットペーパーを家事按分して経費で落とすなら、その数十円分を消耗品費に入れることができます。

10万円未満のパソコンや、机やイスであれば、消耗品費で計上できます。

通販のガムテープのように、本業で大量に使うものも消耗品費に入れられます。

一方で、事務のために使う事務用品――ボールペンやコピー用紙も消耗品費です。

その結果、消耗品費が100万円を超えるというケースも珍しくありません。

消耗品費にはいろいろな経費が入れられる

◆科目で分けて経費を把握する

それでも、税務申告のうえでは問題がないのですが、自分で、**何の経費が、どれだけかかっているかを把握するために整理する**ことを考えてみてもよいでしょう。

例えば（確定申告書には印刷されていないのですが）、「事務用消耗品費」という科目をつくることも、一般的に行われています。

これをつくると、ボールペンやコピー用紙などをこの科目へ移すことができます。

また、ガムテープなどは「荷造運賃」に分け、玄関マットなどは「雑費」に分けることも可能です。

こうすると、消耗品費には比較的高額のものだけが残ります。

そこに何十万円とあれば、パソコンや机、イスなどをそれだけ買ったとわかるわけです。

Q49 16万円のパソコンセットは一括で経費になる？

A

基本、経費として一度に落とせませんが、落とす方法があります。通常はいったん資産に計上し、減価償却して経費にします。

◆減価償却とは

一式16万円のパソコンセットは、あくまでも「セット」です。そのため、デスクトップと本体、マウス、キーボード、そして本体にインストールされているソフトウエアを分けて経費にしたくても、それはできません。

原則的には、これらすべてを16万円のパソコンセットとして計上します。

そうすると、通常は「減価償却」の対象になるので、いったん「資産」に計上することになります。

ここで、減価償却について知っておきましょう。

ある程度の期間、使用できる資産は、来年以降も使うことになるので、今年だけの経費として全額を落とすのは不合理です。

そこで、**年を経て資産が古くなり、価値が落ちていく分を、毎年、少しずつ経費として落としていきます**。これが減価償却のしくみで、落とす経費が減価償却費です。

減価償却には税務上、細かい決まりがたくさんありますが、ここではむずかしい話は省略します。

要は、いったん資産に計上して、税法が資産ごとに決めている年数で少しずつ経費で落とし、最終的には全額が経費になると理解してください。

10万円未満か、使用できる期間が1年未満の資産は、減価償却をしないで購入した年の経費で落とす

ことができます。

◆30万円未満なら特例がある

減価償却には、税法上の特例がいくつかあります。**30万円未満までなら一度に経費で落とせる「少額減価償却資産の特例」**はその1つです。**これは、青色申告をしている個人事業主や、資本金1億円以下の会社などに認められます。**

一度に経費で落とせるといっても、消耗品費にできるわけではありません。

いったん資産に計上し、1回で減価償却費として落とします。

その年に一括して経費として落とせるので、当然、所得が下がり、税金も少なくなります。ただし、合計300万円までが上限です。

また、**10万円以上20万円未満の資産をまとめて、3年で均等に償却できる**、という特例もあります。

31ページで説明したのは、このことです。

16万円のパソコンセットを減価償却すると？

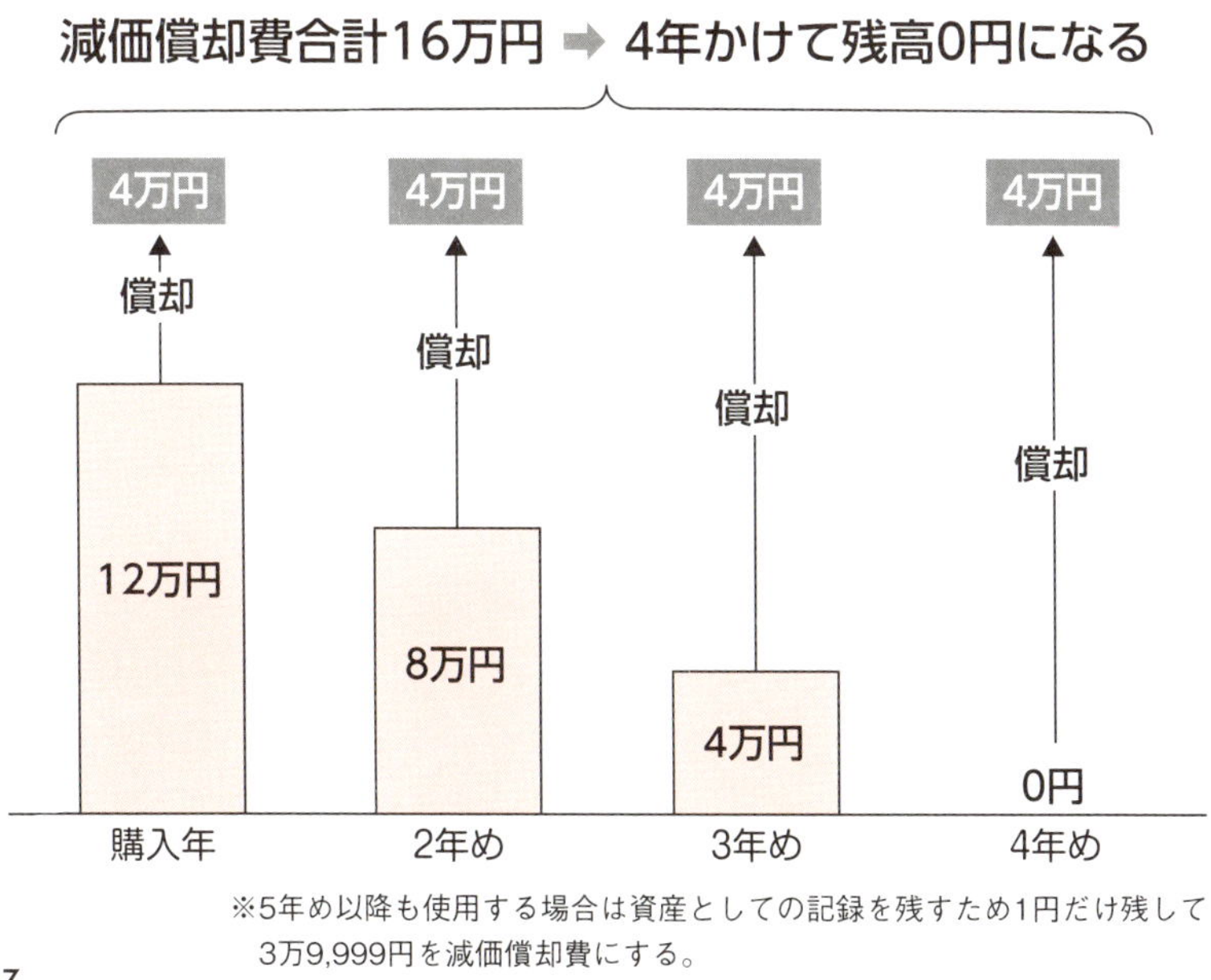

※5年め以降も使用する場合は資産としての記録を残すため1円だけ残して3万9,999円を減価償却費にする。

Q 50 自家用車を仕事で使ったら経費になる？

A
経費になります。個人事業主なら家事按分するのが原則的な方法です。会社の場合は、方法はありますが、はたしてトクになるか……。

◆個人事業は家事按分する

自家用車は、家などと同じく固定資産です。

自家用車を仕事で使った場合は、家賃のときと同じ考え方で、経費で落とすことができます（104ページ参照）。

つまり、個人事業主の場合は、マイカーを家事按分することが可能です。

月極めの駐車場を借りていれば、その料金も含めた話になります。

この場合、**按分の基準は走行距離や走行時間です**。距離か時間か、仕事の内容に応じて適したほうを基準にしましょう。

◆会社の場合は賃貸借契約する

会社の場合は、家賃のときと同じように、**会社と社長個人が賃貸借契約を結びます**。

契約書を交わして、適正な金額を決め、実際にお金を移動させるわけです。

賃貸借の金額は、同程度の車種のレンタカー料金などが参考になるでしょう。

ただしこの方法は、トータルでトクになるという保証がありません。

家賃のところで説明したのと同様に、**自家用車を貸した分、社長個人の所得が増えて、所得税が高くなってしまう**からです。

とくにクルマの場合、レンタカー料金というのはじつは割高です。1ヵ月フルに借りると、数十万円になることもあります。

それを基準の金額にして、社長の自家用車を賃貸借すると、トータルでトクにならない可能性もあります。

つまり、会社が自家用車を借りて経費で落とし、節税できた分以上に、社長の所得税が増えて、結局ソンになるのです。

賃貸借契約を結ぶときは、このへんをよく考えてからにすることをおすすめします。

それよりも会社の場合は、事業用のクルマを購入してしまうほうが手っ取り早いです。

そうすれば、クルマとオプションの購入代金が減価償却費で落とせるほか、下図のようなさまざまな費用も経費で落とせます。

さらに、こんな領収書は経費になる？

Q.カーワックスや芳香剤は経費になる？

➡事業用のクルマでは経費になります。科目は「消耗品費」です。自家用車を業務に使用する場合は認められません。

Q.運転免許証の更新手数料は経費になる

➡なりません。たとえ業務上の必要から運転をするとしても、運転免許証の更新とは話が別です。

Q.洗車代は経費になる？

➡事業用のクルマでは経費になります。科目は「雑費」でいいでしょう。自家用車を業務に使用する場合は経費になりません。

Q.駐車違反後のレッカー代や保管費は経費になる？

➡交通違反の反則金と同様に、たとえ業務上やむを得ない場合であってもレッカー代や保管費などは経費として認められないと考えましょう。

Q51 電動自転車や高級自転車は経費で落とせる？

A **事業で使う普通の自転車なら認められます。**でも、高級マウンテンバイクなど趣味性の高いものはダメ。大型バイクも同様です。

◆趣味性が高いと経費にできない

例えば自転車を買って、事務所に通う足にしている場合、自転車は経費で落とせます。

通勤だけでなく、銀行や、仕事上の買い物に行くのにも利用していると考えられるからです。これらは立派に、事業に使用しているといえます。

科目は「交通費」ではなく、**10万円未満なら「消耗品費」です。**

金額の問題ではないので、買ったのが「15万円の電動アシスト自転車」でも大丈夫です。

この場合、15万円なので「減価償却費」として経費にします。

ただし――これは4輪の自動車にもいえることですが――**趣味性の高いものはダメです。**クルマなら、スポーツタイプの2シーター。バイクなら、ハーレーダビットソンなどの大型バイク。自転車なら、ロードレーサーやマウンテンバイク――これらは事業では使わないのではないか、という話になります。

そもそも、オートバイを買う人は、4輪のクルマをすでに持っていることが多く、このうえ業務用のバイクが必要なのか、という話にもなります。

自転車でも、数十万円もする趣味性の高い自転車を、それも毎年のように買って、それを経費で落とそうなどという人がいそうですが、これは無理というものです。

さらに、こんな領収書は経費になる？

Q.数十万円のゴルフクラブセットを取引先の担当者にプレゼントしたら経費になる？

➡なります。科目は「接待交際費」です。

Q.30万円の４Ｋ大型テレビは経費で落とせる？

➡業務用のスペースに置き、業務に使用している場合、高額なものは「減価償却費」、10万円未満の少額のものは「消耗品費」として経費で落とせます。ただし自宅リビングに設置しているようなテレビは経費にしづらいことに注意してください。

Q.自分で使う5万円の高級万年筆は経費になる？

➡なります。「消耗品費」です。

Q.クルマやパソコンが「盗難にあったときの損害」は経費で落とせる？

➡落とせます。「減価償却費」として経費化していない部分があれば「雑損失」として経費化します。

Q.仕事で使っているクルマにあとからつけたカーナビやドライブレコーダー代は経費になる？

➡事業専用に使っているクルマなら「消耗品費」で経費になります。ただしクルマの購入時にオプションで付けた場合は、クルマと一体のものとして減価償却の対象です。

Q.20万円以上の高級マッサージチェアは経費になる？

➡従業員がいる場合で、福利厚生的な使用が認められるケースのみ経費で落とせると考えましょう。

Q.取引先にお礼などで渡すためのビール券や図書券、ＱＵＯカードなどを数十万円分まとめて購入しても経費で落とせる？

➡落とせます。贈答用の商品券の購入は「接待交際費」です。期末に残った場合も１年以内に使うのであれば今期の経費としてさしつかえありません。

Column

「自宅兼事務所」でまだまだ落とせる経費

戸建てやマンションの自宅を維持するには、いろいろな支出が必要になるものです。

当然、自宅兼事務所の場合には、いろいろな支出が経費で落とせます。

これまでに説明した以外に、自宅兼事務所で落とせる経費がないか、考えてみましょう。

〈マンションの修繕積立金〉

事務所の分については、経費で落とせます。勘定科目は「支払手数料」が望ましいでしょう。

ただし、他の用途に使用しない、返還されないなどの条件があります。

〈マンションの管理組合に支払う管理費〉

事務所の分については経費で落とせます。勘定科目は「支払手数料」です。共益費も、同様に落とせます。

〈借家や賃貸マンションの更新料〉

事務所の分を経費で落とせますが、更新料の効果は契約期間全体に渡るので、支払った年に一括では落とせません。

「前払費用」という資産の勘定科目を立てて、契約年数（最長５年）で少しずつ落とします。

〈火災保険料〉

例えば「５年の長期一括払い」をした場合も、更新料と同じ考え方で事務所の分を「前払費用」とし、５年間に渡って経費で落とします。

１年分を支払う場合は、契約期間が翌期に渡っても、１年以内なら今期の経費（「保険料」）で落とせます。

〈引っ越し代〉

事務所の分が落とせます。勘定科目は「支払手数料」です。

第3章

使った経費は落とさないとソン！

交通費・新聞図書費・宣伝費・接待費など

Q52 スイカやパスモを使った交通費を経費にするには？

A 厳密に行うとたいへんな手間がかかりますが、**簡便法もあります。**注意点はカードを業務上の交通費以外に使わないことです。

◆交通系ICカードで支払った場合

誰にもおなじみで、たいていの事業で使う代表的な経費の科目の１つに「旅費交通費（交通費）」があります。

打ち合わせに出かければ使うし、仕事上の買い物にも使うし、商品の売り込みに行くときも使います。事務所や店舗への行き帰りに交通費を使う人もいるでしょう。

電車やバスに乗るとき、最近はスイカやパスモ、イコカなどを利用する人が多いと思います。

こうした交通系ＩＣカードは、改札を通るのに便利なうえ、料金も現金の場合より少しだけ安いことが多いものです。

経費削減の意味でも、役に立つわけです。

では、このような交通系ＩＣカードを使って交通費を支払ったときは、どのようにして経費に落とせばよいでしょうか。

◆いったん「仮払金」に入れる

経理的に厳密な方法で行うと、じつはかなりたいへんです。

まず、お金をチャージしただけでは、まだ交通費を使っていませんから、**チャージした金額はいったん「仮払金」などの勘定科目に入れておきます。**

そして、実際に交通費を使った時点で、使った金額だけを「交通費」の勘定科目に振り替えるのです。

初乗りなら百数十円の交通費に、わざわざそんな手間がかけられるか、と思ってしまいますね。

◆カンタンにできる簡便法もある

こうした場合、経理では、手間を省いた方法を利用することが認められています。

金額が小さく、重要性に乏しいものは、簡便な方法で処理してよいというもので、「重要性の原則」といいます。

そこで、交通費を経費で落とすおすすめの方法は、この重要性の原則にのっとった簡便法です。

まず、会社で社員が交通費の精算に使うような**「交通費明細書」をつくって記入し、使った交通費の明細として残します。**

そのうえで、チャージをした日付で、チャージした金額を、一度に交通費として計上するのです。

これなら他の経費の計上と同じ手間で済みます。

交通費明細書の例

交通費明細書

月日		交通機関	行先	訪問先	業務内容	金額

チャージした額を一度に交通費で計上するには このような交通費明細書をつくって記入しておく

◆記録はきちんと残す

この方法は簡便法を使っているので、その裏返しとして、記録はきちんと残してください。

まず、交通費明細書。

さらに、スケジュール帳や日誌を残して、誰と、どこで、何をしたのか、後からでもわかるようにしておくことも大切です。

通常、交通系ICカードでは、直近の利用履歴が印字できるので、これも一緒に保管しておけば完璧といえます。

チャージした日付と金額についても、券売機で領収書が印字できるので、それを他の経費の領収書と一緒に保管しておきましょう。

◆プライベートで使ってはいけない

ほかにもいくつか注意点があります。

まず、プライベートと事業用のカードを別にして、事業用のカードはプライベートで使わないこと。

チャージした金額は全額、交通費として落としているのですから、それをプライベートに使うと会社組織なら業務上横領になってしまいます。

交通費の明細を残すのは、プライベートに使っていないことの証明の意味です。

次に、交通費以外に使用しないこと。

最近の交通系ICカードでは、いろいろな買い物ができるし、自販機で飲み物を買うこともできます。

それが取引先との打ち合わせ用の飲み物だったら、つい、事業用のカードを使っていいと思ってしまいますが、これはいけません。

カードにチャージした金額は全額、交通費として落としています。

それを打ち合わせ用の飲み物に使うと、前章で説明した「会議費」を、交通費で落とすことになるからです（100ページ参照）。

交通系ＩＣカードはプライベートで使ったり
交通費以外に使わないように注意

1枚の交通系ＩＣカードを、個人用の交通費・買い物、事業用の交通費・買い物など、いろいろと使うならば、利用履歴を印字し、事業で使用したときに交通費、消耗品費などとして処理することが必要になります。

◆チャージの残額に注意

また、**チャージした残額が長い期間残っているのも好ましくありません**。

とくに期末は要注意です。

期末に残額が数万円もあって、そのまま申告すると、数万円の経費を過大計上したことになってしまいます。

交通系ＩＣカード以外でも、ヤフーやグーグル、フェイスブック、インスタグラムなどへの1クリック購入に備える事前チャージも同様の扱いになります。

こうしたことを防ぐためにも、チャージは金額を少なめに、その代わりこまめに行うことです。

Q 53

タクシーやグリーン車代も経費で落とせる?

A

落とせます。税務上はぜいたくだとか、ムダな出費といった問題にはなりません。飛行機のファーストクラスもOKです。

◆タクシーの利用に理由は不要

少し大きい会社だと、従業員の交通費の利用が制限されていることがあります。

ふだんは徒歩で行っているところに、路線バスを利用した場合、交通費は支給されない、といった制限です。

あるいは、タクシーの利用にはどうしても必要な理由がいる、といったこともあります。

そうした経験をしている人は、税務申告でも何かいわれるのではないかと考え、タクシーを使った理由を帳簿に書き込んだりする人もいるようです。

実際のところは、どうなのでしょうか。

税務申告では、タクシーの利用に理由は必要とされません。

例えば、いつもは駅から徒歩で帰宅しているが、仕事の荷物が重いのでタクシーで帰ったという場合でも、理由の説明なく交通費で落とせます。

税務署は、タクシー利用の理由などには関与せず、ぜいたくだとか、ムダな出費だなどということもないのです。仕事として使ったのであれば問題ありません。

◆新幹線やグリーン車もOK

電車やバスの利用にも、同じことがいえます。

例えば、自宅から事務所や店舗への通勤を、新幹線で往復するという個人事業主や1人社長がいても、何も問題になることはありません。
交通費として、経費で落とせます。

在来線の指定席はもちろん、グリーン車でも問題ありません。すべて経費で落とせます。

さらに海外出張の場合は、飛行機のビジネスクラスはもちろん、ファーストクラスもOKです。
もちろん、普通列車で行ったのに、グリーン車で行ったことにして経費計上するのはいけません。経費を水増しした脱税になってしまいます。

グリーン車などを利用して経費を増やすと、確かに税金の計算のもとになる「所得」は減ります。
しかし、個人事業主の手元に残るお金や、会社の「利益」も減ることになってしまいます。ムダな出費はほどほどにしましょう。

こんな交通費も経費で落とせる！

- いつもは徒歩のところを**タクシー**利用
- 荷物が重いなどの理由で**タクシー**利用
- 事務所への通勤往復に**新幹線**利用
- 事務所への通勤往復に**指定席**利用
- 事務所への通勤往復に**グリーン車**利用
- 飛行機の**ビジネスクラス**利用
- 飛行機の**ファーストクラス**利用

税務署はタクシー利用などの理由に関与しない

Q 54 家族で帰省した交通費は経費で落とせる？

A **落とせません。**ただ帰省先で業務があれば別です。その場合も本人の交通費だけで家族の分は経費になりません。

◆家族へのみやげ代は経費にならない

帰省の旅費交通費を経費に計上しようとする人がいます。都会に働きに出ているのだから、帰省してまた戻るのは通勤の往復と同じ、という発想なのかもしれません。

しかし、それは誤解です。帰省は通勤ではありません。

この項では、旅費交通費で間違えやすいケースをいくつか見て見ましょう。

それなら、帰省中に少しでも仕事をすれば経費で落とせるでしょうか。

例えば帰省先で、郷里の友人に何か仕事を依頼するという業務があれば、往復の交通費は経費に計上できます。

しかし、それは本人の分だけです。家族の交通費は、経費で落とせません。

また、仕事を依頼する友人に、何か手みやげを持っていったという場合、その手みやげ代は経費で落とせます（150ページ参照）。

しかし、郷里の家族へのおみやげ代は経費になりません。

1人社長で、会社の旅費規程（次項参照）にもとづき出張手当を受け取るという場合は、経費で落とせます。

さらに、こんな領収書は経費になる？

Q.空港で加入した海外旅行保険の保険料は経費になる？

➡仕事で使用したなら経費になります。科目は「保険料」です。

Q.接待の飲み会後の「運転代行料」は経費になる？

➡なります。接待をした場合は「接待交際費」として取り扱われます。接待された場合は「交通費」が適切でしょう。

Q.「高速料金」は経費になる？

➡仕事で使用したなら経費になります。「旅費交通費」です。車両などにいくらかかったかを毎年把握したい場合は、別途「車両費」などの項目で合算して処理するのも合理的です。

Q.出張先のホテルでの「朝食代」「マッサージ代」「有料放送代」は経費になる？

➡朝食が宿泊代と込みの場合は経費となりますが、それ以外は認められません。

この場合も、支給できるのは、友人に仕事を依頼した日の分だけです。前後の帰省中の日の分は、経費で落とすことはできません。

◆高級旅館の宿泊代は経費になるか

次に、帰省ではなく、一般的な出張の際の旅費交通費についてです。

例えば、出張先に有名な高級旅館があったので、1泊7万円の宿泊費を払って泊まったという場合、これは経費で落とせます。飛行機のファーストクラスと同じ考え方です（134ページ参照）。

会社になっている場合は、旅費規程に定めてあれば、さらに経費で落としやすくなります。

ただし、**会社の所得と同時に「利益」も減らすことになりますから、常識的な範囲内での支出が求められます**。

そのほか、旅費交通費関連では、上図のようなケースがあります。

Q55 1人社長でも旅費規程をつくるべき理由は？

A 1人社長で出張がある仕事の場合、**ぜひつくっておきたいのが「旅費規程」**。これがあるといろいろな経費が落とせます。

◆出張手当が旅費交通費になる

出張旅費を2つに分けて考えると、まず実費精算をするような支出はほとんどの場合、問題なく経費で落とせます。

例えば、交通費や宿泊代などです。出張中でも、出張先の相手への手みやげ代は接待交際費、相手と打ち合わせをした際の飲食代は会議費となります。

問題になるのは、例えば1人社長で「出張手当」などの支給を受けるケースです。

出張先では、食事や日用品の買い物でも通常よりお金がかかるものですから、数千円程度の出張手当は1人社長でも受け取りたいところです。

このような出張手当は、**会社の「旅費規程」というものをつくり、それにもとづいて支出する必要があります**。

そうすれば、出張手当を旅費交通費として、会社の経費で落とすことが可能になります。

旅費規程で定めておかないと、出張手当は賞与の扱いになり、経費でも落とせませんし、1人社長の給与所得が増えてしまいます。

逆にいえば、1人社長でも会社の旅費規程をつくっておけば出張手当などは社長個人に対しても税金がかからず、つまり所得が増えずにその金額を受け取ることができます。

ただ、**個人事業主は従業員以外で出張手当を受け取ることができません**。

旅費規程や慶弔規程をつくっておけば、
経費で落とせる！

そこで、出張先の相手とパワーランチやパワーディナー（食事をしながらのミーティング）を積極的に行えば、飲食代を会議費で落とせます。

◆慶弔規程もつくっておこう

そのほか前項で見たような、出張で高級旅館に宿泊したとか、飛行機のファーストクラスを利用したといった場合にも、旅費規程に定めがあると、より経費で落としやすくなります。

1人社長でも出張がある場合は、ぜひ旅費規程をつくっておきましょう。

ちなみに、旅費規程と一緒に**「慶弔規程」をつくっておくと、1人社長や関係者に慶弔があったときに、香典や祝い金を支給することができます。**

慶弔規程がある場合は、香典や祝い金の勘定科目は「福利厚生費」や「接待交際費」になります。

Q 56

ダウンロードしたアプリや音楽は経費で落とせる？

A

落とせるケースは限られます。明らかに業務で使用していることが条件です。経費にするときは勘定科目にも注意が必要です。

◆業務用ではないアプリはダメ

スマホの料金は、110ページで見たように、通常は「通信費」になります。

しかし、スマホの料金にはインストールした有料アプリや、ダウンロードした音楽の料金が一緒に請求されていることがあります。

これらは通信費として経費で落とすことができるでしょうか。

結論からいうと、**経費で落とせるケースは限られます**。アプリや音楽は、業務で使用しないことのほうが多いからです。

経費で落とせる場合でも、勘定科目は通信費ではありません。

まずアプリの場合、一般的に業務で使用するものとなると、ワープロソフトや表計算ソフトなどのオフィスソフトのアプリや名刺管理のアプリなどです。この場合、勘定科目は「消耗品費」になります。

そのほか、ライターの仕事をしている人が辞書アプリをインストールしている場合など、仕事によって限定的なケースが考えられます。

この場合の勘定科目は「新聞図書費」です。

これら以外の一般的なアプリやゲームは、経費としては認められません。

スマホ料金の明細をとって、あらかじめ除いておく必要があります。
経費で落とせる場合も、明細の保存は必要です。

◆音楽も経費になるのは限られる

一方、**ダウンロードした音楽となると、経費で落とせるケースはさらに限られます。**

例えば作詩作曲や楽器の演奏など、音楽の仕事をする人が、仕事の資料としてダウンロードした場合などに限られます。

音楽評論家の場合も資料として認められるでしょうが、いずれにしても数少ないケースです。

どちらの場合も資料としての購入ですから、勘定科目は「新聞図書費」になります。これら以外の一般的なケースでは経費で落とせません。

なお、1人社長のスマホは、個人名義で個人宛ての請求書が来る場合でも、会社の経費で落とせます。ただし、経費で落とせない分を除くのは、個人事業主の場合と同じです。

ダウンロードしたアプリや音楽は経費になるか

アプリ
音楽
業務で使用するなら
消耗品費
業務の資料としてなら
新聞図書費
業務で使用しないなら
経費にできない!

**ダウンロードしたアプリや音楽を経費で落とせるのは
非常に限られたケースのみ**

Q 57

音楽CDやDVDは経費になる？

A

業務に必要ならなります。科目は資料用なら「新聞図書費」。記録メディアとして使用する場合などは「消耗品費」などです。

◆資料用のCDは「新聞図書費」

音楽関係の仕事をしている人が、音楽CDを資料用に買った場合、経費として落とせます。科目は前項と同様に「新聞図書費」の勘定科目で経費として落とせます。

映像関係の仕事をしている人が、映画などのDVDを資料用に買った場合も、同じように新聞図書費で落とせます。

新聞図書費は、紙の新聞、紙の図書に限らず、いろいろなメディアの、いろいろな資料を買った経費を入れることができる勘定科目です。

音楽や映画に限らず、地図や統計データなどを納めたCD、DVDも、業務に使用するものであれば新聞図書費になります。

ただ、CDやDVDでも用途が変われば新聞図書費にはしません。

例えば、記録メディアとしての用途——データの入っていないCD-RやDVD-Rなどを購入した場合は、消耗品費になります。

データの入っていない記録メディアは、ノートやコピー紙と同じようなものなので消耗品の扱いになるのです。

CD-RやDVD-Rを、経理など事務用のデータを記録するために使うのなら「事務用消耗品費」としてもよいでしょう。

◆店舗などで流すときも「消耗品費」

また、同じ音楽CDでも、店舗を持つ仕事をしている人が購入して、お店でBGMとして流すといった用途も考えられます。

もちろんこの場合も、経費として落とせます。勘定科目は「消耗品費」です。

DVDの映像を、お店のテレビで流すといった場合も同様に考えることができます。

ただし、**個人事業主や1人社長が、事務所で自分が聞くBGMを流すために買った音楽CDは限りなくあやしまれます**。

これは個人的な用途ではと考えられるので、経費で落とすことがむずかしいのです。

従業員を雇用していてBGMを流すのなら、福利厚生目的になるので「福利厚生費」として経費で落とせるでしょう。

CDやDVDは経費になるか

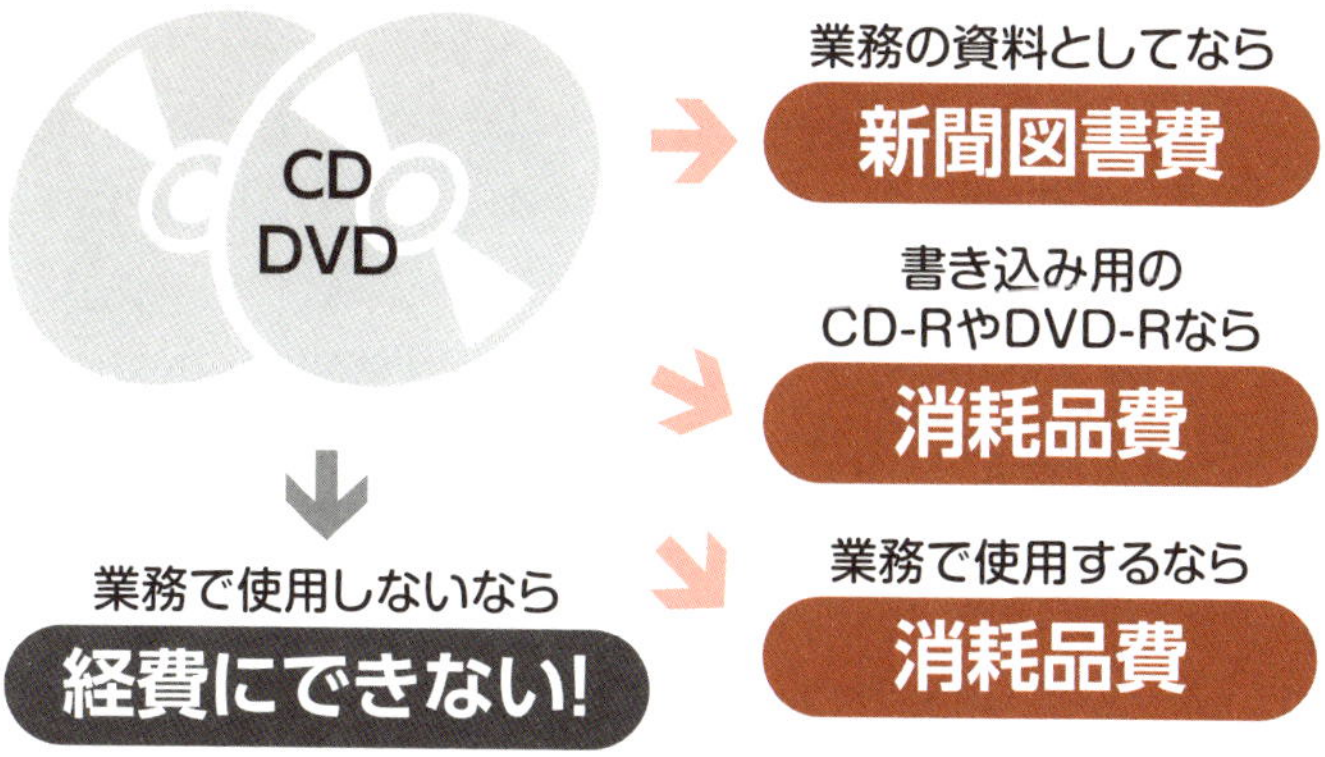
CD
DVD
業務の資料としてなら
新聞図書費
書き込み用の
CD-RやDVD-Rなら
消耗品費
業務で使用するなら
消耗品費
業務で使用しないなら
経費にできない！

店舗などでBGMで流すのは業務での使用だが
1人だけの事務所でBGMを流すのは個人的な使用

Q 58 電子書籍や新聞の電子版も経費で落とせる？

A **落とせます**。「新聞図書費」は紙に限らず、データやＤＶＤなどのメディアもＯＫです。地図や統計資料も経費になります。

◆紙でも電子版でも経費になる

「新聞図書費」について整理しておくと、まず資料としての形態は問いません。**新聞は紙でも、有料の電子版でも新聞図書費として経費で落とせます**。

新聞によっては、有料の記事データベースなどを提供していますが、その利用料も新聞図書費という経費になります。

ちなみに、定期購読契約がされている新聞は、軽減税率の対象ですが、電子版は対象外です。

本も、紙ではなく電子書籍の形で購入して差しつかえありません。

ただし、電子書籍のリーダーは「消耗品費」という経費になります。

業務で住宅地図などを使用する場合、住宅地図も紙とデータの両方で販売されていますが、都合のよいほうを購入して大丈夫です。

統計資料などは、紙・データ・ＤＶＤなどの記録メディアで販売されている場合がありますが、これも都合のよいものを選べばよいでしょう。

ちなみに、業務に使用するなら、紙の楽譜を購入した場合も新聞図書費で落とせます。

内容的には、資料として利用するもののほとんどが、新聞図書費の対象になります。

ただし、例えば婦人用バッグの製造販売をしてい

新聞のほか、地図や統計資料も
業務と関連があれば新聞図書費になる

る人が、参考のために他社のバッグを買ったという場合は、デザインの資料といっても新聞図書費にはなりません。

「試験研究費」などにするほうがよいでしょう。

◆業務と関連があることが大事

業務との関連も重要です。

婦人用バッグの製造販売なら、バッグの業界紙やファッション誌は問題なく新聞図書費で落とせます。しかし、趣味の競馬新聞や旅行誌は、新聞図書だといっても経費で落とせません。

一方、競馬や旅行の記事を書いているライターの人なら、いくら趣味的に見えても新聞図書費で落とせます。

このように新聞図書費は、**業務との関連をきちんと説明できることが経費で落とせるポイントになります。**

Q 59 英会話教室の受講料は経費で落とせる?

A 業務の必要上、英語を話せるようになるためなら税務署も認めてくれるでしょう。

◆資格取得のための費用ならOK

各種の資格取得や、検定受験のための費用も、業務との関連があれば経費で落とせます。

例えば、不動産鑑定士や土地家屋調査士、調理師免許など、それぞれの業務に必要な資格取得のためにかかった費用などは経費にすることができます。

ただし、いま現在は物販の仕事をしていて、将来的に飲食店を開きたいので調理師免許をとる、といった場合は、経費で落とすのはむずかしいです。現在の業務に関連した資格や検定に限られます。

また、経理や会計など事業を数字で客観的に見ることができるようになるために、簿記検定の勉強をするためにかかるものも、経費として認められるでしょう。

では、英会話教室の受講料はどうでしょうか。

現時点で外国人のお客様が多いといったような場合は問題なく経費で落とせますが、そうでない場合もあります。

そのときは、業務に関連がないとされるのでしょうか。

ビジネスのグローバル化が進み、外国人観光客も増加している現在、将来的な業務との関係性のストーリーが描けるのなら、**英会話教室の受講料を経費にしてもギリギリ大丈夫**、税務調査も認めてくれると思います。

いまは外国人のお客様が少なくても、英語が話せるようになれば逆に増やせるかもしれません。

英会話教室の受講料は、そのための経費と考えることができます。

◆「教育研修費」で落とす

こうした場合、勘定科目は「試験研究費」や「雑費」とすることも可能ですが、「教育研修費」という科目をつくるほうが適切でしょう。

試験研究費や雑費にするよりも、経費の性格が明確にできます。

近年は、インターネットを使った英会話教室もありますが、その料金も教育研修費で落とせます。

また、英会話教室に行くのではなく、英会話レッスンの本やCDを買った場合も、新聞図書費や消耗品費でなく、教育研修費で落とせます。

もちろん、本来の業務に関連した資格や、検定を受けるための費用も教育研修費です。

教育研修費で落とせる経費

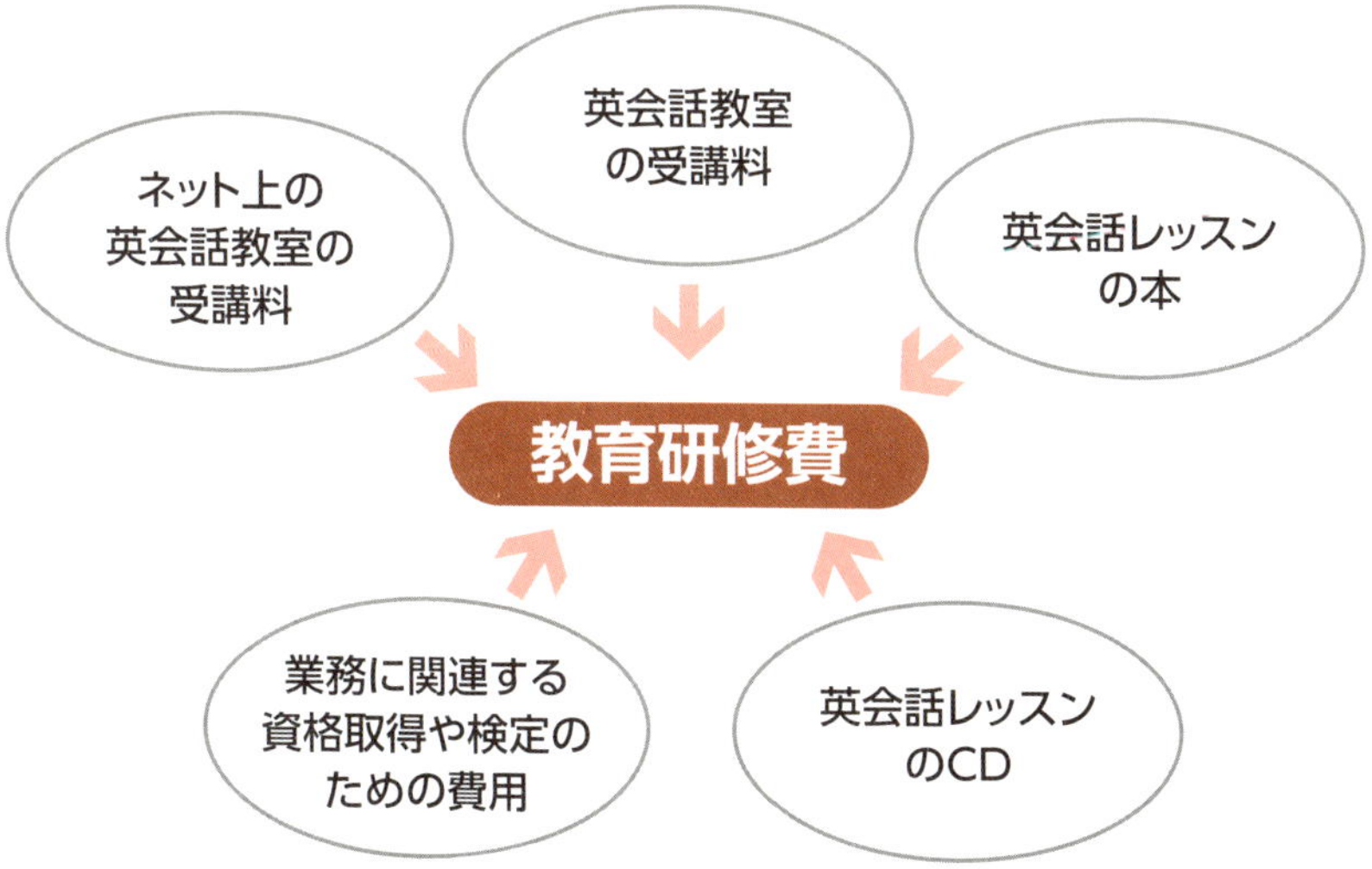

Q 60

映画やコンサート代は経費で落とせる？

A

落とせるケースは限られます。業務に関連していれば「試験研究費」、取引先の関係なら「接待交際費」になるでしょう。

◆「試験研究費」で落とせるケースがある

映画やコンサートのチケット代など、趣味性の強いものは税務署のチェックもきびしくなります。一般的には、まず落とせないといえるでしょう。

野球やサッカーなどのスポーツ観戦、各種のイベントなども同様です。

もちろん、会場への交通費なども経費になりません。試合観戦中のビールなどの飲食代や、グッズなどの購入代金も同じ扱いです。

ただし、取引先にファンがいたので、グッズをおみやげに買ったという場合は、その分だけ経費で落とせます。

勘定科目は「接待交際費」です。

例外的に、**映画やコンサートの入場料が経費で認められるケースとしては、まず業務に関連している場合**があげられます。映画評論家や音楽評論家、映画や音楽の記事を書くライター、イベントプロデューサーなどの業務で、仕事の参考にするために観に行った、というようなケースです。

この場合は経費で落とせます。勘定科目は「試験研究費」が適切でしょう。往復の交通費も、経費にできます。

◆「接待交際費」で落とせるケースもある

次に、取引先の担当者がファンで、コンサートチケットをプレゼントしたような場合。

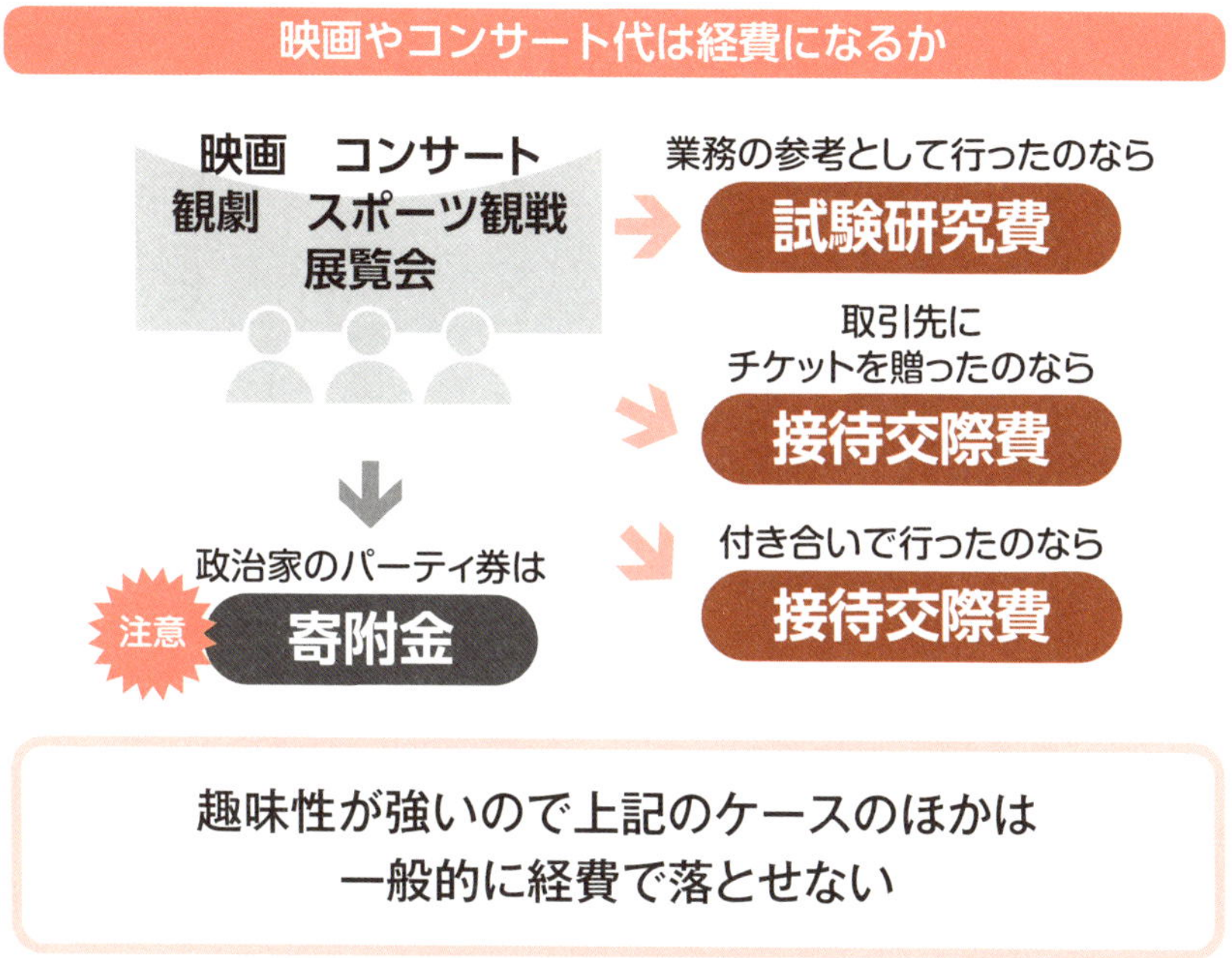
映画やコンサート代は経費になるか
映画　コンサート
観劇　スポーツ観戦
展覧会
業務の参考として行ったのなら
試験研究費
取引先に
チケットを贈ったのなら
接待交際費
付き合いで行ったのなら
接待交際費
政治家のパーティ券は
注意
寄附金
趣味性が強いので上記のケースのほかは
一般的に経費で落とせない

これは、**取引先接待の1つですから「接待交際費」で経費に落とせます**。

また、取引先が映画やコンサートに関係していて、お付き合いで観に行ったという場合は、自分の分が接待交際費で落とせます。お付き合いだからです。

この場合、交通費も落とせます、また実際には観に行かないでチケットを買っただけでも落とせるケースがあります。取引先が主催するパーティなどです。

政治家のパーティでは、よくそういうことがあるようですね。ただし、政治資金のパーティ券は、政治資金とみなされます。

実際に政治家のパーティ券を買った場合は、勘定科目は原則、接待交際費でなく「寄附金」になります。

Q61 名刺や年賀状、みやげ代は経費になる？

A どれも「付き合いのための費用」なので**経費で落とせます**。ただし勘定科目は違ってくるので注意しましょう。

◆付き合いの費用は経費になる

取引先などとのお付き合いには、いろいろな手間や費用がかかるものです。

例えば、相手の会社を訪問して直接ご挨拶をしたり、お中元やお歳暮を送ったり、新製品発表会にご招待したりします。

もちろん、これらはすべて経費として落とせますが、勘定科目が違ってきます。

訪問するための移動では「交通費」が、お中元・お歳暮では「接待交際費」が、新製品発表会では次項で説明する「広告宣伝費」が発生します。

では、それらと一緒に発生する経費も、同じ勘定科目に入れてよいのでしょうか。

ご挨拶のときにお渡しする名刺は、交通費とは関係なく「消耗品費」です。

お歳暮の後でお送りする年賀状は、「接待交際費」でもいいですが、新年のご挨拶をお伝えするメディアなので「通信費」のほうが適切でしょう。

新製品発表会の後で渡すおみやげ代は「広告宣伝費」ですが、会食の後に渡すおみやげ代は「接待交際費」になります。

◆こんな経費も接待交際費でOK

そのほか、意外な費用も接待交際費で落とせます。

例えば、取引先に別の取引先を紹介してもらったので、紹介手数料を払ったという場合です。これは通常、接待交際費として計上します。

なぜなら、取引先を紹介されたことに対する謝礼を支払っているからです。

一方で、「1件紹介してもらって成約に至った場合、○%支払います」など、事前の取り決めがあった場合は、手数料として計上できます。

新しく紹介された会社の人を接待したら、まだ取引が始まっていなくても、接待交際費で経費にできます。**接待交際費は直接、売上に結びつかなくてもかまいません**。

結局、取引先にならなかったという場合でも、接待交際費で落とせないことはありません。

無事、取引先になって相手とゴルフに行ったという場合は、交通費やプレー代、食事代が接待交際費で落とせます。相手にウェアや道具をプレゼントしたときは、プレー代などとは別の支出として、接待交際費で落とせます。

さらに、こんな領収書は経費になる?

Q.同業者の組合が主催するゴルフコンペへの参加費は経費で落とせる?

➡落とせます。「接待交際費」です。交通費も「旅費交通費」で落とせます。

Q.取引先の開店・開業祝いの花輪代は経費になる?

➡なります。取引先に贈るなら「接待交際費」が適切です。胡蝶蘭などを贈った場合なども同様に経費にできます。

Q.接待相手に渡した「お車代」(領収書なし)は経費で落とせる?

➡落とせます。「接待交際費」です。領収書がない点は出金伝票などで記録を残しましょう。タクシーチケットを渡した場合も「旅費交通費」で落とせます。

Q62 カレンダーやタオルは経費になる？

A

なります。科目は「広告宣伝費」です。テレビCMや新聞広告だけでなく、広く一般に向けて商品や会社を売り込む費用です。

◆名入りカレンダーは「広告宣伝費」

名入りのカレンダーやタオルは、知名度を上げるためのものですから、当然、経費になります。

取引先など限られた相手に贈るモノは、たいてい「接待交際費」ですが、**広く一般に向けて、商品や会社を売り込む場合は「広告宣伝費」になります。**

ですから、広く一般のお客様にノベルティなどを配ると、接待交際費でなく広告宣伝費になります。

年賀状も、取引先に送るお年玉付き年賀状は通信費ですが、顧客名簿の全員に、印刷された年賀状を送ると広告宣伝費です。

名入りのカレンダーやタオルをつくった場合は、取引先に配っても、消費者に配っても、広告宣伝費になります。

モノを贈るというより、社名を売り込むためと考えられるからです。

名入りの制作費やビニール袋の梱包費も含めて、すべて広告宣伝費で落とせます。

名入りの手帳を制作して、社員が使い、取引先などにも配っている会社がありますが、この手帳の制作費も広告宣伝費になります。このほか、左図のようなものが広告宣伝費になる経費の例です。

◆ウェブ広告も「広告宣伝費」

テレビや新聞、雑誌などの広告は、個人事業主や1人社長ではなかなか機会がないかもしれません。

しかしウェブ広告は、出稿しているケースがあるでしょう。ウェブ広告の広告料はもちろん、広告宣伝費になります。

ウェブ広告の問題点は、たいていの場合、広告料が前払いになっていることです。

一定額で契約して前払いすると、一定量に達するまでウェブ広告が配信されます。

経理的に厳密にいうと、期末までに配信されなかった分の広告宣伝費は、翌期に繰り越すための処理をしなければなりません。

しかし、**金額が大きくなければ、ここは「重要性の原則」にのっとった処理で対処しましょう**（130ページ参照）。

交通系ＩＣカードと同じ考え方をすれば、前払いのウェブ広告料であっても、掲載が始まった時点で一度に広告宣伝費として計上できます。

さらに、こんな領収書は経費になる？

Q.カタログやパンフレットの制作費は経費になる？

➡なります。デザイン料、印刷代をはじめ、制作のためにかかった費用はすべて「広告宣伝費」です。

Q.見本品、試供品の制作費は経費になる？

➡なります。「広告宣伝費」です。ただし試供品ではなく、商品につける「おまけ」は原価に含めます。

Q.ポスターや看板、ノボリの制作費は経費になる？

➡なります。10万円未満は「広告宣伝費」です。高額の看板などは設置費用も含めて減価償却します。

Q63 ホームページ制作費は経費になる？

A

なります。「広告宣伝費」です。ホームページは、商品や会社のPRのために制作されると考えられるからです。ブログの費用も同様です。

◆自社のホームページは「広告宣伝費」に

最近は、事業を行うのにホームページが必須になってきました。

自分でつくってしまえば費用は発生しませんが、外部の業者などに頼むと費用が発生します。

その費用は、もちろん経費として落とせますが、ではどうやって落とせばいいでしょうか。

国税庁のホームページによると、ホームページは通常、頻繁に更新されるため、制作費用の効果は1年以上に及ばない、よって**制作した年の経費（税務署の用語では「損金」）として一度に落としてよい**、つまり減価償却費にしなくてよいということです。

勘定科目は、ホームページをつくる目的からして「広告宣伝費」になるでしょう。

もっとも、商品の検索ができるような高機能のホームページはソフトウェアとみなされ、資産に計上しますが、これは例外的といえます。

ですから、ホームページの制作を外部に依頼した場合、通常は広告宣伝費で落とせます。

◆事業内容をブログで発信するときは？

ブログの場合も、同様に考えられます。

ブログは、無料で利用できるサービスもありますから、それを利用すれば経費は発生しません。

しかし、CMS（コンテンツ・マネジメント・シ

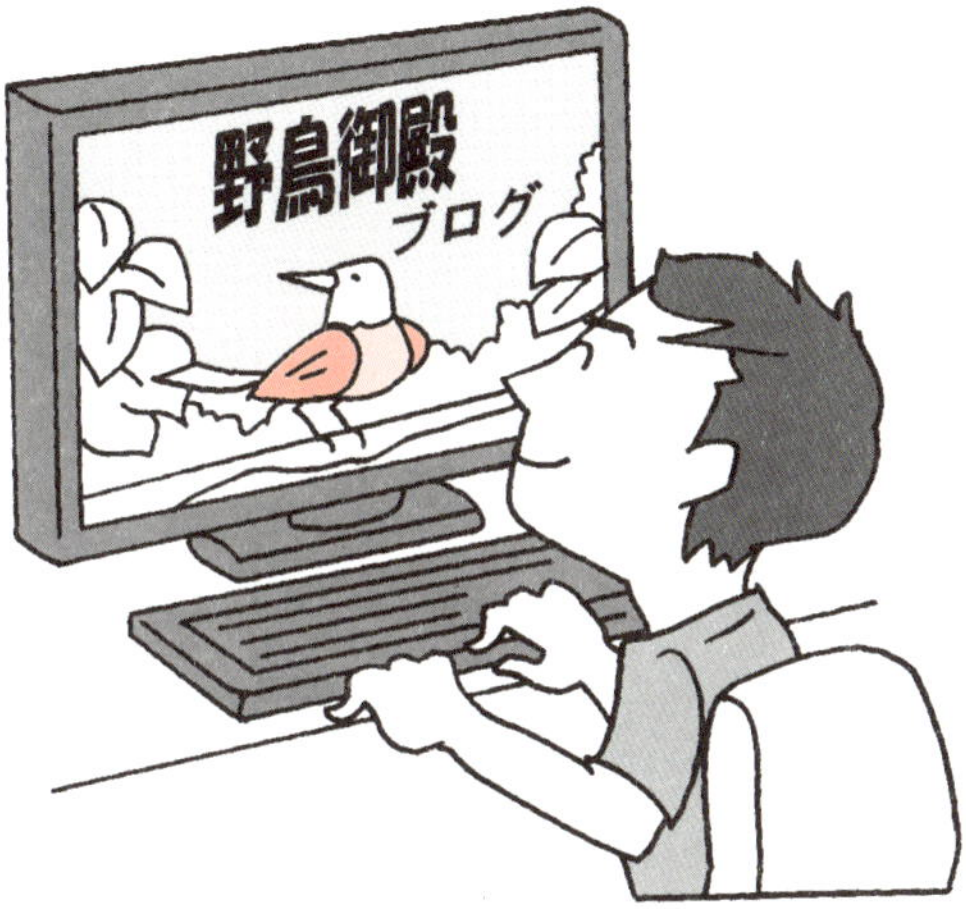

あまり個人的な内容のブログだと
経費で落とせない場合がある

ステム）を利用して更新しているような場合、インターネットの利用料金とは別に、CMSやサーバーの利用料金が発生します。

もちろん、**ブログがあまりに個人的な内容だと、これらの料金は経費で落とせません**。

しかし、業務に関連した内容を発信する、いわゆる「企業ブログ」的なものなら経費で落とせます。勘定科目は、ホームページと同じく「広告宣伝費」です。

なお、ホームページ制作を業務としている個人事業主や1人社長が、仕事の一部を外部に頼んだ場合は「外注費」の勘定科目になります。

確定申告書の決算書などには「外注工賃」の勘定科目が印刷されているので、その科目を利用してもよいでしょう。

Q 64

飲食店でとくに気をつけたい経費は？

A **自分や従業員のまかないなど、飲食店ならではの経費に要注意です。**また広告宣伝費は意外に幅広いので気をつけましょう。

◆飲食店は広告宣伝費が多い

前項からのつながりでいうと、**飲食店は広告宣伝費で落とせる経費が比較的多い**かもしれません。

新聞に折り込みチラシを入れた場合はもちろん、街頭配布やポスティングで、店名入りのティッシュやチラシを配った場合も、その制作費や配布の費用は広告宣伝費になります。

ただし、配布のためにアルバイトを雇ったら、支払うアルバイト代は「給料賃金」などになります。

グルメサイトなどに広告として掲載した場合も、出稿料・掲載料は広告宣伝費で落とせます。

ちなみに、ときどきニュースなどでとりあげられる、「やらせ評価」のために支払った支出も広告宣伝費です。

レビューなどに高評価を書いてもらい、得点をアップさせようというもので、「ステマ（ステルス・マーケティング）」などと、大きな社会的批判をあびています。

過去には消費者庁の調査が入ったこともありますが、税法上の不法行為にはあたりません。広告宣伝費で落とせます。

◆「まかない」の処理は要注意

もう1つ、とくに気をつけたいのが、**「まかない」など自分と家族、従業員が消費した食材などの処理**

です。これは個人事業と会社、または自分・家族と従業員で処理が違ってきます。

まず、個人事業主と家族が、仕入れた材料で食事をつくって食べた場合は、その販売価格を売上と同様に処理します。

勘定科目は「自家消費」（青色申告書では「家事消費等」）などです。

次に、従業員に対するまかないは、原則として「福利厚生費」になり、経費で落とせますが、従業員の給与扱いになり、給与所得の源泉徴収の対象に入る場合があるので注意が必要です（158ページ参照）。

会社の場合のまかないは、自分・家族、従業員ともに、「給料賃金」か「福利厚生費」です。

そのほか飲食店では、下図のような経費に注意が必要です。

さらに、こんな領収書は経費になる？

Q.ＢＧＭで店内に流す有線放送の料金は経費になる？
➡なります。有線放送の場合は「通信費」です。

Q.ＢＧＭで店内に流す音楽ＣＤの代金は経費になる？
➡なります。同じＢＧＭでもＣＤを購入した場合は「消耗品費」になります。

Q.客が読むために店内に置く新聞や雑誌は経費になる？
➡なります。新聞や図書でもお客様が読むために購入したものは「消耗品費」になります。金額が少なければ「雑費」にしてもさしつかえありません。

Q.飲食店専門のコンサルタントに支払ったコンサル料は経費になる？
➡なります。科目は「支払報酬」が適当でしょう。

Column

「給与」になってしまう経費

157ページでは「福利厚生費」という経費が登場しました。これは、従業員の福利厚生のために支出される経費です。

ただし、少し扱いを間違えると、従業員に対する「給与」（現物給与）とされてしまい、事業としては経費として落とせますが、従業員が個人で支払う税金が増えてしまいます。主なケースをあげてみましょう。

〈4泊5日を超える社員旅行〉

社員旅行の経費を福利厚生費で落とすには、①4泊5日以内（海外旅行の場合は外国での滞在日数）、②参加人数が全体の50%以上、③与える「経済的利益」が少額、という条件を満たすことが必要です。

どれか1つでも満たさないと、給与になります。

〈会社が半分以上を負担する食事代〉

会社が従業員に主に昼食などを提供して、福利厚生費で落とせる条件は次のとおりです。①従業員が食事代の半分以上を負担、②会社の負担額が1人あたり月額3500円（税抜き）以下。

このどちらかを満たさないと、給与とされます。会社の負担額が3,500円を超えないようにすれば給与とはされず、従業員の税金も増えません。

〈一部だけを対象にした健康診断〉

例えば、管理職だけとか、事務職は除くといった健康診断の費用は、福利厚生費で落とせません。福利厚生費で落とせる条件は、①従業員全員が対象、②著しく高額でない、となっています。

また、健康診断費用を現金で渡して、個々に受けさせるのもダメです。給与になります。福利厚生費で落とす場合は、会社が診療機関に直接、費用を支払うことが必要です。

第4章

忘れてならない意外な経費

会議費・交際費・福利厚生費・税金など

Q65 仕事用のスーツや靴は経費で落とせる？

A **ムリでしょう。**落としていいように思えますが、現実にはむずかしいです。ビジネスバッグや作業着、安全靴などは経費で落とせます。

◆スーツ、シューズは経費で落とせない

スーツとビジネスシューズは仕事のときしか身につけない、だから経費で落としていいはずだ――そう考える人は多いでしょう。

確かにリクツは通っていそうに思えますが、**税務調査では否認される可能性が高い**のが現実です。

裁判では、スーツは経費で落とせないという判例がいくつも出ています。

その理由は、身につけるものは業務とプライベートの区別がむずかしいから、とされています。確かに、クールビズなどでは区別がむずかしいのはわかりますが……。

同じ理由で、取引先の冠婚葬祭に着ていく慶弔用の礼服・喪服・ネクタイなども、経費では落とせません。

当然、スーツや礼服のクリーニング代も不可です。

逆にいえば、**明確に業務用とわかる服や靴は経費で落とせます**。

例えば、製造現場や建築現場などで着る作業着や、危険な作業をするときに履く安全靴などです。

外回りの仕事が多い個人事業主や1人社長は、ビジネスバッグも経費で落とせます。

プライベートでも使えるような、カジュアルなものはダメですが、アタッシュケースなどをプライベートで使う人はいないので、経費で落とせます。

スーツやビジネスシューズは経費で落ちない
作業着や安全靴はOK

いずれも、勘定科目は「消耗品費」です。

では、腕時計は？――これはプライベートでも使えるのでムリです。

◆条件付きで経費となるものもある

条件付きで、経費で落とせる場合もあります。

例えば傘は、通常は経費で落とせません。

しかし、取引先に行く途中で突然の雨に降られ、コンビニでビニール傘を買ったという場合は、経費で落とせます。

取引先に行くという、業務を遂行するための支出だからです。

この章では、こうした意外に思える「落とせる経費と、落とせない経費」を見ていきましょう。

Q 66 割り勘にした1人分の会議費は経費になる？

A **なります。**打合せ時の飲食代を割り勘で支払った場合、1人分でも会議費で落とせます。ただし1人で飲んだコーヒー代はダメです。

◆割り勘でも経費で落とせる

会議費は通常、自分以外の誰かと一緒にいるときに発生します。自分1人では「会議」ができないからです。

しかし、誰かと一緒にいるから、2人分以上の会議費が発生するとは限りません。

例えば、個人事業主や1人社長が同業の知り合いと2人で、コーヒーショップで打ち合わせをしたとします。

相手も個人事業主か1人社長で、立場が同じだったら、「ここのコーヒー代は割り勘で」となることもあるでしょう。

そのような場合、会議費で1人分のコーヒー代を落とすことはできるのでしょうか。

答えは「できます」。この場合は、経費で落とすために重要な「ストーリー」がはっきり見えるからです。

立場の同じ2人が、コーヒーショップで打ち合わせをして、どちらか一方が2人分を払うのはおかしいと思ったので割り勘にした、というストーリーです。

もし、**2人分で1枚の領収書しかないなら、出金伝票など他の証票で計上する方法**をとりましょう

（40ページ参照）。

コーヒーショップで1人分のレシートをもらっているなら、そのまま計上して大丈夫です。

◆1人で飲んだコーヒー代はダメ

同じ1人分のレシートでも、**1人でコーヒーショップに行った場合は、経費と認められません。**

次の用事までに空き時間ができて、コーヒーショップで時間をつぶしたり、その時間に何かできる仕事をするというのは、ときどきあることです。

仕事をした場合は、経費として認められてもいいと思うのですが、税務調査では認められません。休憩をしているのか、仕事をしているのか、わからないという理由でしょう。

仮に、本当に仕事をしていたと主張するにしても、それを証明するのは非常にむずかしいことになります。今のところは、あきらめるしかないでしょう。

割り勘で払った１人分のコーヒー代の扱いは？

2人でコーヒーショップに行き
打合せをした

↓

割り勘で払った1人分でも
会議費で落とせる

1人でコーヒーショップに行き
仕事をした

↓

本当に仕事をしても
経費で落とせない

Column

飲食代は交際費ではなくなぜ会議費で落とすのか？

◆個人事業は交際費の上限なし

大会社の交際費が、きびしくチェックされたのは昔の話。

いまや、景気をよくするために、交際費をじゃんじゃん使ってくださいと、国が交際費の損金不算入額（法人の所得が減らない経費の額）を縮小している時代です。

2019年現在、資本金1億円以下の会社は、800万円までの交際費（接待交際費）を損金算入可能――つまり経費で落とせます。

ふつうの1人社長では、まず使い切れない交際費の額でしょう。

また、**個人事業主にはそもそも、交際費（接待交際費）の上限がありません。**

そうすると、会議費の飲食代を交際費の科目に入れても、問題なく経費で落とせることになります。

接待交際費でも落とせるものを、わざわざ青色申告決算書に印刷されていない「会議費」の科目をつくって、飲食代を分ける必要があるのでしょうか？

◆交際費は少ないほうがいい

現在、確定申告で提出された数字は、税務署ですべて電子データ化されています。

聞いた話によると、画面のボタンを1つクリックするだけで「業種別の接待交際費の平均」などが容易に集計できるそうです。

つまり税務署は、接待交際費などの経費の、正確で詳しいデータを大量に持っていて、カンタンにそれが取り出せるのです。

ですから、金額が平均を大きく上回る会社などを見つけると、何か不正な計上をしているのではないか、税務調査に入ってみようか、ということにもなります。

こうしたことを考えても、**接待交際費はできるだけ少なくしたほうがいい**と思います。

個人事業主では上限がないといっても、**接待交際費は家事費——プライベートな出費と混同しやすい経費**です。

税務調査でそのあたりを突かれると、申告書を修正し、税金を多く支払うことにもなりかねません。

会議費で落とせる飲食代は会議費で落とし、接待交際費の額はできる限り少なくなるようにしましょう。

接待交際費の額はなるべく少なめに！

会議費

Q67 食事にビールをつけても経費で落とせる？

A **落とせます。**接待交際費はもちろん、会議費でも落とせます。会議費の場合は1人あたりの金額に注意しましょう。

◆5000円以下なら会議費でOK

できるだけ会議費にしたほうがいいといっても、飲食代にアルコールが含まれていると会議費にならないのでは――そう思い込んでいる人もいるようですが、それは誤解です。

会議費にアルコールは認められない、アルコールが入ると接待交際費になる、などという決まりはありません。

夜の打ち合わせだったら、食事に1人あたりビール1本程度を付けるのは常識の範囲内でしょう。

これが会議費で落とせないということは、ありません。

むしろ注意が必要なのは、1人あたりの金額です。**飲食代が1人あたり5000円以下（消費税別）だと、確実に会議費で落とせる**のです。

法人税では、1人あたり5000円以下の飲食代は交際費（接待交際費）として扱わないと、法令に明記されています。

ですから、飲食代の合計金額を人数で割って、5000円以下になれば会議費で落とせます。

別に会議費でなく、接待交際費としておいても、交際費として扱われないのですが、税務申告だけを別に計算し直すのも面倒です。

5000円以下を会議費に入れておけば、そのままま決算ができます。

個人事業主の所得税には、この決まりはありませんが、会議費で落とす際の目安にはなるはずです。

◆二次会は接待交際費も可能

また、飲食代が5000円を超えると、会議費として認められないということもありません。必要なら、5000円超の飲食代を計上することもできます。

しかし、なぜ会議に5000円超の飲食を提供する必要があったのか、追及されることは確実でしょう。1人あたり5000円以下なら、そうしたこともなく会議費で落とせるということです。

なお二次会は、一次会とは別の経費で落とせます。ですから、一次会は5000円以下で会議費、二次会は本格的にアルコールが入ったので、5000円超になって接待交際費、といった計上も可能です。

なぜ飲食代は１人5,000円以下にすべきか？

飲食代の合計÷人数
＝１人あたり
5,000円以下
なら…

法人税の計算では
交際費として扱わない!

つまり

確実に
会議費で落とせる!

1人あたり5,000円以下なら
食事にビールがついても会議費で落とせる!

Q68 取引先の友人との飲食代は経費で落とせる？

A **友人でも取引先なら会議費や接待交際費で落とせます。**ただし会議費で落とす場合は名前と人数を記録する必要があります。

飲食した相手の名前、人数を記録

1人あたり5000円以下の飲食なら、ビールを付けても会議費で落とせるのなら、もっと会議費を使おうと考えた人はいないでしょうか。

例えば、取引先に親しい人がいて、よく夕食を一緒にするので、そこでビールを飲みながら打ち合わせをしようとか……。

ですが、これはムリがあります。

同じ相手と、週に何度も反復継続して会い、飲食をともにするのは、税務署の目にはプライベートの食事に見えるでしょう。

会議費はもちろん、接待交際費でも、プライベートの食事は経費で落とせません。

経費で落とすということは、相手の名前を伏せることも不可能です。

1人あたり5000円以下の飲食代として会議費で落とすには、左図のような**相手の名前や人数を記録した書類を残す**こととされています。

通常は、領収書に相手の名前と人数を書き込んでおけばすみますが、飲食の内容はことこまかにわかってしまうわけです。

会議費で落とせるのは飲食代

1人あたり5000円以下の飲食代を、会議費で

1人5,000円以下の飲食代を会議費で落とすには？

以下の情報を**書類に記録で残す**必要がある!

年 月	飲食等があった年月日
相手の名前と人数	相手の氏名または名称および相手との関係（人数がわかるように）
金 額	飲食費の額
店の名前と住所	飲食店などの名称および所在地
内 容	飲食費であることを明らかにする事項

落とすには、ほかにもいくつか注意点があります。

まず、**落とせるのは飲食代だけ**です。

飲食をする店でも、キャバクラのように飲食が主な目的でない場合は、会議費で落とせません。

また、飲食をした店の飲食物をおみやげとして渡した場合は、その金額も1人あたり5000円の計算に入ります。

しかし、別の店のおみやげや、お車代を渡した場合は、会議費とは別の接待交際費になります。

また、**ほかの接待の一部だけを会議費で落とすことはできません**。

例えばゴルフに行って、プレー代などは接待交際費として、クラブハウスでとった昼食代だけを会議費にするなどはできません。

ただし、帰り道で打ち合わせをしようということになり、食事をしながら打ち合わせした場合は、認められることになっています。

Q 69

キャバクラや風俗も経費で落とせる？

A

落とせます。ただしキャバクラは取引先などと一緒の場合です。風俗は個人事業主なら自分の分は自腹を切りましょう。

◆接待ならキャバクラ代も経費になる

まず、キャバクラの場合は、**接待の相手と一緒なら接待交際費で落とせる**でしょう。

飲食店からスナック、バー、クラブときて、その延長線上にあると考えられます。

もっとも、奥さんが経理をしている場合などは、税務申告以前に、会社の経費として認められないかもしれませんが。

次に、風俗の場合は、個人事業主では微妙です。接待の相手を楽しませるのはいいとして、自分も楽しむ必要はありません。

自分が楽しんだ瞬間に、その料金は家事費――プライベートに楽しむ支出となるでしょう。

個人事業主の場合は、**接待相手の料金は接待交際費、自分も楽しんだらその料金は自腹**、というのが妥当なところです。

◆従業員のための「交際費等」もある

では、従業員を雇用していて、一緒に連れて行ったという場合はどうでしょうか。

従業員の慰労のためなら「福利厚生費」の科目が思い浮かびますが、福利厚生費は役員・従業員全員が対象であることや、金額が妥当であるなど、わりときびしい条件があります。

どうしても経費で落としたいなら、**取引先などと同様に「接待交際費」になる**でしょう。

接待交際費の接待の相手は、取引先など外部に限られると思われがちですが、「その他事業に関係のある者」も対象とされています。

これは、役員・従業員・株主などのことです。

そのため、従業員のための支出でも、税務上、「交際費等」として処理します。

例えば、何か大きな仕事が終わり、社内の人だけで打ち上げをして、会社が飲食代の全額を負担したという場合、これも税務上の交際費等です。

このようなケースでは、接待交際費とは別に「福利厚生費」にいったん計上するものの、税務申告するときには交際費と同じ扱いをすることが求められます。

取引先とのキャバクラ代は
接待交際費で落とせる！

Column

クレジットカードの利用明細は領収書の代わりになる？

カード利用の際に領収書をもらわない人がいますが、これは不可です。

そもそも利用明細には、たいていの場合、利用した会社名と金額しか記載されていません。領収書としては記載事項が不足しています（50ページ参照）。

経費の支払いにクレジットカードを利用したときは、領収書かレシートを受け取りましょう。それがもらえない場合は、最低でも店頭で受け取る「お客様控え」などと印刷された利用伝票を保管しておくべきです。

ネット通販などの利用では、その利用伝票も残らないことがありますが、領収書が印刷できる場合も

◆利用明細は領収書として不完全

経費の支払いに、クレジットカードを利用している人も多いでしょう。

おすすめは、個人事業主でも1人社長でも、経費の支払いだけに使うカードを分けておくことです。プライベートで利用した分と明確に分けられるので、帳簿つけがラクになり、経費の計上もれなども防げます。

ところで、クレジットカードを利用すると、カード会社から毎月、利用明細が送られてくることがあります。

この利用明細をレシートのようなものだと思って、

あります。
その領収書と、カードの利用明細を保管するとよいでしょう。

◆利用明細だけだと消費税でソンする

クレジットカードの利用明細しか保管していないと、消費税のほうでもソンをすることがあります。

消費税を納税する場合は、通常、預かった消費税から支払った消費税が差し引けます。

しかしカードの利用明細には、消費税額が記載されていません。**カードを利用した分の全額、支払った消費税が差し引けず、納税することになります。**

この分は本来、払わなくていい税金です。お金を捨てているようなもの——とまではいいませんが、お金を国にプレゼントしているようなものです。

クレジットカードを利用した際の領収書には、くれぐれもご注意を。

クレジットカードを利用したときに保管すべきものは？

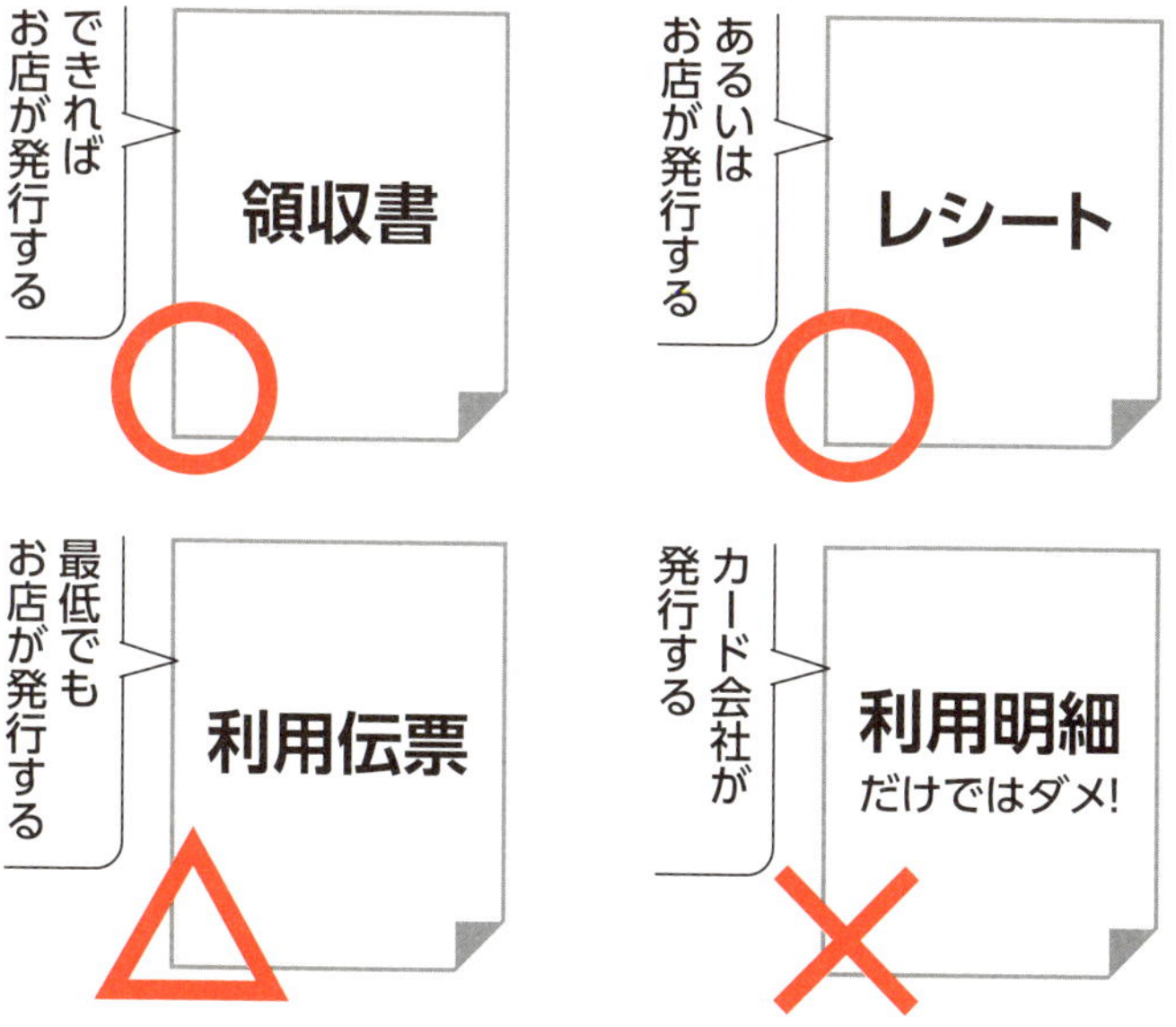
できればお店が発行する
領収書
あるいはお店が発行する
レシート
最低でもお店が発行する
利用伝票
カード会社が発行する
利用明細
だけではダメ!

Q70 個人事業主、1人社長の福利厚生費は経費になる？

A

原則として経費で落とせません。奥さんが一緒に働いていてもムリです。福利厚生費を計上したいなら従業員を雇うことです。

◆「福利厚生費」は従業員のための経費

「福利厚生費」というのは、従業員の福利厚生のために支出する経費です。福利厚生費として計上される主な経費には、左図のようなものがあります。

ただし、福利厚生費として認められるには、次のような条件を満たすことが必要です。

①全従業員（役員を含む）を対象にしていること
②金額がおおむね一律で、常識的に高額でないこと
③現金支給でないこと

それでは、個人事業主や1人社長は、このような福利厚生費を経費で落とせるのでしょうか。

結論からいうと、**原則的には落とせません。**

福利厚生費というのは、そもそも従業員のために支出する経費です。奥さんと2人、役員しかいない会社では認められないのです。

奥さんが従業員として働いていても、税務のうえからは、従業員ではない「みなし役員」とされます。

また、個人事業主で奥さんが一緒に働いていると「事業専従者」になります。

個人事業主と、事業専従者が支払った福利厚生費的な経費は、家事費——プライベートな支出とみなされるので、やはり経費で落とせません。

◆「法定福利費」は経費になる

社会保険料（健康保険料・厚生年金保険料・雇用保険料・労災保険料）の会社負担分は、1人社長でも経費で落とせます。

その場合は、**福利厚生費でなく「法定福利費」とするとよい**でしょう。

自己負担分は落とせませんが、社長がもらった給料から社会保険料控除ができます（180ページ参照）。

個人事業主も、国民健康保険料や国民年金の保険料は全額控除です。

また、1人社長の会社で慶弔規程がつくってあれば、香典や祝い金は経費で落とせます。

このように、個人事業主は福利厚生費がまったく落とせず、1人社長でもかなり限定的です。

どうしても福利厚生費を計上したければ、手っとり早い方法は従業員を雇用することでしょう。

主な福利厚生費の例

- □ 社会保険料の会社負担分
- □ 社宅、住宅手当、通勤手当などの支給
- □ 社員旅行や社内運動会の費用負担
- □ 忘年会、新年会、創立記念日などの飲食費負担
- □ 結婚祝、出産祝、香典など慶弔の祝い金、見舞金
- □ 食事の支給、食事代の補助
- □ 制服の支給
- □ 健康診断の費用負担
- □ 常備薬の費用負担
- □ フィットネスクラブなど外部の福利厚生サービス　など

Q71 つい落とし忘れてしまう経費がある?

A

あります。小規模企業共済の掛金や借入金の利息、税理士などへの支払報酬などは、うっかり見過ごしがちです。

◆開業費は資産扱いになるので注意

経費で落とせるのに、うっかり落とし忘れてしまいがちな経費もけっこうあります。

まず知っておきたいのは、事業を起こすときにかかった費用です。

じつは、これは経費にはなりません。

個人事業では、事業を起こす準備を始めて、開業するまでにかかった費用を「開業費」と呼びます。

また会社は、会社設立までにかかった費用を「創立費」と呼び、それ以降の営業開始までにかかった費用は「開業費」になります。

開業のために「特別に支出した」費用を、開業費とします。

この創立費や開業費は、じつは経費ではありません。お金を支出した効果が次の年度以降にも及ぶので、**「繰延資産」という資産になる**のです。

そして、何年かに渡って償却する（経費にする）のですが、**いつでも、何回に分けて償却してもよい**ことになっています。

つまり、開業した年度でなくても、黒字が出た年度に償却すれば、それだけ「創立費償却」「開業費償却」という費用が増えます。費用が増えて、所得が減り、税金も減って、節税になるのです。

◆借入金の返済は利息のみ経費になる

では、忘れやすい経費にはどんなものがあるか見ていきましょう。

まず、会社で従業員の退職金を積み立てる「中小企業退職金共済（中退共）」という制度に加入していれば、掛金が全額「福利厚生費」で落とせます。

一方、個人事業主と1人社長は、廃業や退職のときにまとまった資金が受け取れる「小規模企業共済」という制度に加入すると、**その掛金は全額「小規模企業共済等掛金控除」で所得控除できます**（180ページ参照）。

また、**事業のための借入金の「利息」も経費で落とせます**。

借入金は負債なので、返済額のうち「元本」部分は経費にはなりません。しかし利息は「支払利息」で経費に落とせます。

さらに、個人事業主が税理士に申告書の作成などを頼んだ場合、その支払った報酬も経費で落とせます。勘定科目は「支払報酬」です。

事業を起こすときにかかった費用は？

会社の場合	個人事業の場合
創立費・開業費	開業費

↓

経費ではなく
資産（繰延資産）になる

↓

いつでも、何回に分けて償却してもOK

Q 72

100万円の絵を飾ったら経費で落とせる？

A

100万円の絵は落とせません。99万円なら落とせます。絵画などの美術品は、購入した価格によって扱いが変わってくるのです。

◆美術品には経費で落ちるルールがある

店舗や事務所に絵などの美術品を飾ると、来客の目を楽しませるおもてなしになります。来客＝業務のために飾るのだから、絵などの購入代金は経費――といいたいところですが、話はそう簡単ではありません。

国税庁では、絵などの美術品を購入したときの経費計上のルールを定めています。

それによると、原則として10万円未満（青色申告をしている個人事業主などは30万円未満）の美術品は、購入した年に一度に経費にできます。勘定科目は「消耗品費」などです。

次に、原則10万円以上100万円未満の美術品は、減価償却資産として計上し、何年かに渡って「減価償却費」として経費化できます。

減価償却をする期間は、絵画・陶磁器・彫刻などが8年、彫刻などで金属製のものは15年です。

そして国税庁のルールでは、100万円以上の美術品は「非減価償却資産」とされています。

つまり、**100万円以上の購入価格の絵などは、一度に経費化はもちろん、土地などと同じく減価償却もできない＝経費にならない**ということです。

購入価格のうちには、運賃・保険料・手数料・関税なども含まれるとのことですから、実質的には100万円よりもう少し下が境目になります。

◆来客などが見られる場所に飾る

飾る場所なども条件付きです。

美術品を買うのは、飾って人に見せるためですから、自分しか見られない自宅の部屋などに置いてはダメです。

玄関や応接スペースなど、**来客などが見られる場所に飾る必要があります**。

ただし、一時的に倉庫に保管などはＯＫです。

以上のルールは、２０１５年から改正されたので、それ以前に購入した美術品には適用できません。

なお、同じ美術品でも、贈答用として購入した場合は「接待交際費」などになります。

経費で落とせるわけですが、相手が個人の場合は、相手の「一時所得」になり、確定申告が必要になる場合があります。

贈るときは、相手に注意喚起をしておくことが必要です。

絵などの美術品はどこまで経費で落とせる？

10万円未満	**一度に経費で落とせる**（青色申告なら30万円未満）
10万円以上100万円未満	減価償却資産として**減価償却する**
100万円以上	非減価償却資産となり**経費にならない**

飾って人に見せるために買ったのだから
自分しか見られない部屋などに飾ってはダメ

Q 73 税金が安くなる「所得控除」とは？

A **個人の事情に応じて所得の金額を減らし、税金を安くしてくれる制度です。**経費ではありませんが、同じような効果があります。

◆所得から差し引けて税金が安くなる

個人事業主の事業所得や、1人社長が会社からもらう給料の給与所得には、「所得から差し引かれる金額」というものがあります（26ページ参照）。

これは経費ではありませんが、**所得から差し引けるので、経費と同じく税金を安くしてくれるもの**です。個人事業主も1人社長も、もれなく計上して税金を安くしましょう。

なかには、領収書の保管が必要なものもあるので、日頃から注意してください。

所得控除には、左図にあげたものがあります。

このうち、多くの人が控除を受けられるのは、基礎控除、配偶者控除（または配偶者特別控除）、扶養控除、それに社会保険料控除、生命保険料控除、地震保険料控除、医療費控除などです。

基礎控除38万円は、誰でも受けられます。

配偶者控除と扶養控除は、合計所得38万円以下の配偶者・親族がいると受けられますが、配偶者控除は所得制限が付きます。

社会保険料控除は、支払った金額の全額が控除できます。

個人事業主と1人社長が「小規模企業共済」に加入している場合は、その掛金の全額も控除可能です。

生命保険料控除と地震保険料控除は、金額により

所得から差し引ける所得控除の種類

控除の種類	対象	控除額
基礎控除	全員	38万円
配偶者控除（配偶者特別控除）	一定の配偶者がいる	所得等により 0円～48万円
扶養控除	一定の扶養親族がいる	38万円～58万円
障害者控除	申告者が一定の障害者	27万円～75万円
寡婦控除	申告者が一定の１人親	27万円～35万円
寡夫控除	申告者が一定の１人親	27万円
勤労学生控除	申告者が一定の勤労学生	27万円
社会保険料控除	健康保険、年金保険など	支払った金額全額
小規模企業共済等掛金控除	特定の共済等に加入	支払った金額全額
生命保険料控除	生命保険、個人年金など	合計最高12万円
地震保険料控除	一定の地震保険	最高5万円
寄附金控除	一定の寄附金	一定の額
雑損控除	一定の計算式による	一定の額
医療費控除	医療費のうちの一定額	最高200万円

※所得控除の詳細は国税庁等のホームページで確認してください。

一定の額が控除できます。

医療費控除は、医療費が10万円を超えた額か、所得が２００万円未満の人では所得金額の５％を超えた額が控除額になります。

◆医療費控除には領収書が必要

生命保険料控除と地震保険料控除では、保険会社から送られる**証明書の保管が必要**になります。

医療費控除は、医療機関などの**領収書の保管が必要**です。

医療費控除では、通院のための交通費なども認められます。

また、医療用から一般用に切り替えられた「スイッチＯＴＣ薬」も、一定額が所得控除できる特例があります（２０２１年まで）。

ただし、会社の年末調整では医療費控除の申告ができないので、１人社長は給与所得でも確定申告が必要です。

税金

Q74 経費で落とせる税金はある？

A **あります。**税金もほとんどは経費で落とせます。勘定科目は「租税公課」です。きちんとチェックしてもれなく経費で落としましょう。

◆税金の勘定科目は「租税公課」

経費を差し引いて税金を計算するのに、税金も経費になるの？　と思うかもしれませんが、**ほとんどの税金は経費で落とせます**。

落とせないのは、個人事業主の所得税や、会社の場合の法人税、両方共通で住民税の一部くらいのものです。

税金を入れる勘定科目は「租税公課」といいます。「租税」とは税金のこと。「公課」とは国や地方公共団体から課される、税金以外の分担金などの金銭負担のことです。

経費で落とせる租税と公課には、左図のようなものがあります。

個人事業主の所得税などは、租税公課に入れられません。

会社の法人税などは、「法人税等」など別の項目になります。

そのほか、左図のような租税と公課は、租税公課として経費で落とせます。

税金だからとカン違いして、うっかり計上もれをすると、**払わなくていい所得税や法人税を払うことになりかねません**。

納税通知書などをしっかりチェックして、もれなく経費で落としましょう。

◆ふるさと納税は租税公課ではない

いま人気になっている「ふるさと納税」は、地方公共団体に寄附をすると、2000円（所得税の寄附金控除の下限）を超える額について、寄附金控除と所得税・住民税の税額控除というものが受けられ、自己負担は実質2000円で済むという制度です。

ただ、**ふるさと納税は、寄附金と、所得税・住民税の特例による控除なので租税公課ではありません**。

また、公課と似たものに、町内会や商店街、業界団体などの会費がありますが、これも経費で落とせます。ただし公課ではないので「諸会費」という勘定科目をつくるか、金額が小さければ雑費としてもいいでしょう。

青年会議所の会費は、経費性がある場合は接待交際費とするのが妥当です。

経費で落とせる主な税金

- □ 自動車税、自動車税環境性能割、自動車重量税、軽自動車税
- □ 事業税、事業所税
- □ 印紙税（収入印紙の貼付額）
- □ 固定資産税
- □ 登録免許税
- □ 不動産取得税
- □ 都市計画税・特別土地保有税　　など

これらの税金は「租税公課」で落とせる。
ただし、所得税や法人税、住民税は落とせない

Column

本業以外でかかった費用も経費で落とせる？

◆副業で始めたネイルサロンのケース

業務上の費用なら経費で落とせる――これは確かですが、経費で落とせるからといって、期待していた結果になるとは限りません。

経費で落としたのにも関わらず、税金が少なくならない場合もあります。

例えば、次のようなケースです。

Bさん（女性）は、輸入雑貨のネット通販をしている個人事業主ですが、ネイルアートが大好きです。以前は、ネイリストとして勤めていたほどの技術の持ち主で、自分でするほか、人にしてあげるのも趣味として楽しんでいました。

ある年のこと。いつもネイル用品を大量に仕入れているのだからと、ネイルサロンとして開業することにしました。といっても、ネット通販用に借りている事務所の一角で、月に数回行う程度です。

そして、翌年の確定申告では、ネイルサロン関係の**売上は年間で100万円ぐらい**になりました。

また、ネイルサロン関係でかかった経費は400万にもなりました。これは、仕入れたネイル用品や机などの備品のほか、事務所の家賃や水道光熱費の一部、自分の携帯代なども経費で落としたからです。

◆ネイルサロンの分は「雑所得」扱い

売上が100万円で、経費が400万円では、

300万円の大赤字ですが、本業のネット通販で得られた黒字分と差し引きすれば大丈夫。

自分用のネイル用品代が、経費で落とせただけトクをした、とBさんは納得していました。

ところが、その後、税務署の調査が入り、帳簿が調べられると、**副業のネイルサロンの分は「事業所得」でなく「雑所得」になる、と指摘された**のです。

所得税法では、所得は下図の10種類に区分され、ネット通販など一般的な事業は「事業所得」になります。

ただし、家や部屋などを貸した賃貸料は「不動産所得」、勤め先からもらった給料は「給与所得」になるなどの違いもあります。

しかし、Bさんのネイルサロンは、ほかのどれにも分類されない「雑所得」に区分されました。

さて、Bさんの所得はどう変わるのでしょうか。

《次項に続く》

所得税法にあげられている10種類の所得

利子所得	預貯金や公社債の利子など
配当所得	株式の配当金、証券投資信託の分配金など
不動産所得	家や土地、マンションの部屋の賃貸料など
事業所得	一般的な事業の個人事業主の所得
給与所得	勤めて支払われる給料や賞与など
退職所得	退職金や退職年金など
山林所得	山林の伐採や譲渡による所得など
譲渡所得	販売用でない資産の譲渡による所得など
一時所得	満期の保険返戻金、馬券の払戻金など
雑所得	上記のいずれにも該当しないもの

Column

副業の売上と経費の扱いには注意が必要？

◆雑所得は「損益通算」できない

前項の話の続きです。

Bさんは、税務署から指摘されたとおり、ネイルサロンの売上と経費を「雑所得」に修正して申告し直しました。すると、**修正前と比べて、所得が300万円ぐらい増えてしまった**のです。

それはなぜかというと、副業のネイルサロンの分が雑所得になったことで、**本業の事業所得と「損益通算」ができなくなった**からです。

損益通算とは、**1種類の所得が赤字になった場合に、ほかの10種類の所得からその赤字額が差し引ける**――つまり、赤字と黒字をひっくるめて、合計の所得を計算できるという制度です。

しかし、損益通算ができる所得は、前項の図表の「不動産所得」「事業所得」「譲渡所得」「山林所得」だけという決まりがあります。

つまり、ネイルサロンの赤字（雑所得）は、ネット通販の黒字と通算できません。売上が100万円で経費が400万円だった場合、雑所得はマイナス300万円でなく、ゼロ円になります。

そのため、損益通算ができる場合と比べて経費が300万円減り、その分、所得の額が増えたのです。

確かに、雑所得の経費として落とせていますが、合計の所得としては落とせていないことになります。

◆事業所得になる条件とは？

とくに、副業でＦＸや仮想通貨取引をしている人は注意が必要です。**ＦＸや仮想通貨取引の利益は、通常、雑所得とされる**からです。

副業の仮想通貨取引で大きな利益が出たから、本業の赤字と通算して所得を少なくしようなんて考えても、それはできない相談なのです。

ではそもそも、Ｂさんのネイルサロンはなぜ事業所得でなく、雑所得とされたのでしょうか。

事業所得になる条件は、所得税法などで決まっているわけではありませんが、最高裁の判例にそれを示したものがあります。

例によって、むずかしい言葉で説明されていますが、概略は次のようなものです。

- 自分の考えで行い、リスクもとっている
- 無償ではなく、営利を追及している
- 繰り返し、継続して行っている
- 常識的に見て、事業として認められる　など

これをＢさんのネイルサロンにあてはめてみると、「営利を追求していない」「月に数回程度で、繰り返し継続しているとはいえない」など、事業性がないといわれてもしかたないかもしれません。

副業の中には
雑所得とされてしまうものもある！

Column

「副業」で気をつけたい経費

副業の確定申告をする場合は、「雑所得」で申告するか、「事業所得」で申告するかで、経費の扱いが違ってきます（184ページ参照）。

これに関連して、気をつけたい経費をまとめておきましょう。

〈ＦＸや仮想通貨取引の利益〉

副業のＦＸや仮想通貨（ビットコインなど）取引で得られた利益（譲渡益）は、申告が必要な場合「雑所得」扱いになります。他の所得と「損益通算」ができないので、注意が必要です（186ページ参照）。

〈ＦＸや仮想通貨取引の経費〉

副業のＦＸや仮想通貨で、取引所に払った手数料や、取引のために使用しているパソコン、スマホなどの機器代金、インターネット料金、新聞図書代なども経費で落とせます。

ただし、副業は自宅で行っているケースがほとんどでしょうから、機器代金や通信費の全額を経費とするのはムリです。「家事按分」が必要になります（74ページ参照）。

〈ネットオークションやフリマ〉

売上があった場合、出品物の購入（仕入）代金は「仕入」として落とせます。発送の宅配便代も経費になります。

〈副業のアフィリエイトで赤字〉

例えば、副業のアフィリエイトで年100万円の収入があったが、パソコン代をはじめ修繕費、通信費、消耗品費などの経費が100万円以上になった、という場合です。この場合、「雑所得」で申告すれば、まず問題にはなりません。

しかし、「事業所得」で申告して、自分の「給与所得」と合算しているとなると、問題です。税務署の目にとまり、税務調査に入られて雑所得と指摘される覚悟をしておいたほうがよいでしょう。

索引

●さ行

●監修者紹介

関根 俊輔（せきね しゅんすけ）

税理士。

中央大学法学部法律学科卒。

優秀なビジネスマンや税理士を多数輩出する尾立村形会計事務所（東京都）で会計人としての修行を重ねる。

その後、関根圭一社会保険労務士・行政書士事務所（茨城県）にて、主に労働基準監督署や社会保険事務所の調査立ち会いや労使紛争解決等の人事業務、加えて、法人設立・建設業許可、遺産分割協議書や内容証明郵便及び会社議事録作成等の業務に携わる。

平成19年には、共同で税理士法人ゼニックス・コンサルティングを設立。

現在は、学生時代から培った「リーガルマインド」を原点に、企業に内在する税務・人事・社内コンプライアンス等、経営全般の諸問題を横断的に解決する専門家として活躍している。著書に『改訂新版　個人事業と株式会社のメリット・デメリットがぜんぶわかる本』（新星出版社）などがある。

ホームページ　http://www.xeixconsulting-ibaraki.com

経費で落ちる領収書・レシートがぜんぶわかる本

2019年12月15日　初版発行

監修者　関根俊輔
発行者　富永靖弘
印刷所　今家印刷株式会社

発行所　東京都台東区台東2丁目24　株式会社 新星出版社
〒110-0016　☎03(3831)0743

ISBN978-4-405-10348-1